Zu diesem Buch

Dieser Essay widmet sich dem aufgeklärten Eros und unternimmt einen eigenwilligen Versuch zur Rettung der sexuellen Lust. Allgemein wird der Geschlechtsverkehr als Ausdruck «normaler» und «natürlicher» Sexualität angesehen. Diese Wertung erleichtert den Umgang der Menschen mit ihrer Sexualität, doch so werden abweichende Bedürfnisse auch diskriminiert. Anstatt nach der aberhundertsten Auflage des Üblichen zu drängen, streben aufgeklärte Menschen nach Phantasie und Grenzüberschreitung. Je klarer wir unsere individuellen Bedürfnisse benennen und sexuelle Phantasien ausdrücken können, um so bewußter wird uns, daß Sexualität ein inszeniertes Spiel ist.

Holger Schenk läßt sich in seinem Essay von der Philosophiegeschichte (vor allem von Friedrich Nietzsche) inspirieren und deutet den Orgasmuszwang als Flucht vor Intensität und Spannung, als Ausdruck einer lustfeindlichen Kultur.

Der Autor

Holger Schenk, geboren 1955, Philosoph und Publizist, lebt in Berlin.

Holger Schenk

Geheimnis,
Illusion und Lust

*Das Spiel mit
der sexuellen Spannung*

Rowohlt

Einmalige Sonderausgabe
September 1995

Originalausgabe
Veröffentlicht im Rowohlt Taschenbuch Verlag GmbH,
Reinbek bei Hamburg, Februar 1995
Copyright © 1995 by Rowohlt Taschenbuch Verlag GmbH,
Reinbek bei Hamburg
Umschlaggestaltung Barbara Hanke
(Foto: Alastair Laidlaw / Tony Stone Worldwide)
Satz Sabon (Linotronic 500)
Gesamtherstellung Clausen & Bosse, Leck
Printed in Germany
1200-ISBN 3 499 13827 1

Inhalt

Einleitung

Was macht uns Lust? Welche sexuellen Bedürfnisse haben wir? – Diese Fragen fordern von jedem eine individuelle Antwort. Und dennoch ist die Ansicht verbreitet, den allermeisten Menschen gehe es vor allem um das eine. In einer sexuellen Beziehung zwischen Mann und Frau gilt der Geschlechtsakt als unhinterfragte Pflicht.

An diesem Dogma leiden viele Menschen. Sie fühlen sich durch eine zielgerichtete Sexualität eingeengt und praktizieren den Akt nur noch, um einer allgemeinen Erwartungshaltung zu genügen.

Dieses Buch setzt sich für eine Sexualität jenseits abgesteckter Normen ein. Es ergreift Partei gegen die allgemeine Verpflichtung zum Akt und wendet sich zugleich gegen den modernen Hang, Sexualität auf begrifflich faßbare oder technische Vorgänge zu reduzieren. Im Mittelpunkt steht nicht die Frage, wie «man es macht», sondern eine Sexualität, die den Bedürfnissen eines jeden einzelnen entspricht.

Obwohl heute wie nie zuvor über Sex gesprochen, gelehrt und aufgeklärt wird, wissen die meisten Menschen nur wenig über ihre eigenen Bedürfnisse. Eine tiefe Kluft besteht zwischen «Nicht-Wissen und Zuviel-Wissen».

Was macht uns Lust? – Um diese Frage zu beantworten reicht eine psychologisch-theoretische Analyse nicht aus. Wichtig ist vor allem eine praktische Bereitschaft, die Sicherheit einer konventionellen Sexualität aufzugeben. Wer den Mut zur «Abweichung» entwickelt, wird Sexualität als eine Suche nicht nur nach sinnlicher, sondern auch nach intellektueller Intensität erfahren.

Diese Erfahrung eröffnet eine Umwertung sexueller Werte. Was allgemein als lusthemmend gilt, z. B. Scham und Selbstbeherrschung, kann nunmehr als luststeigernd entdeckt werden. Die Empfindungen von «Lust und Angst» müssen keine Gegensätze mehr sein; nicht nur im aktiven Wollen, sondern auch im eigenen «Nicht-Wollen» können die intensivsten Formen sexueller Lust ihren Ursprung haben.

Diese Intensität ist lebbar, wenn die kulturellen Bilder von «Mann und Frau» überwunden werden. Erst wenn wir eine auf männlich und weiblich reduzierte Sexualität zurückweisen, wird ein spielerischer Umgang wichtiger als die Durchführung des vorgeschriebenen Aktes.

Was macht uns Lust? – Vor allem in der «Phantasie» wird uns das eigene Begehren bewußt. Phantasien sind radikal und frei. Sie widersprechen meist der allgemeinen Erwartung, dem Einheits-Sex. Deshalb scheuen sich viele Menschen, sie in die Realität umzusetzen.

Phantasien entwickeln Bilder und Atmosphären, sie sollen Spannung steigern. Der gewöhnliche Sex dient jedoch dazu, Spannung abzubauen und somit exzessiven Erfahrungen auszuweichen. «Die Flucht vor der Spannung» beschreibt sowohl einen individuellen Entladungswahn als auch eine in unserer Kultur verbreitete, traditionelle Mißachtung von Intensität.

Wenn wir sexuelle Lust als Herausforderung erfahren wollen, werden wir uns jeder Suche nach Definition, Festlegung und Wahrheit verweigern. Durch «Täuschung, Geheimnis und Spiel» können wir uns gegen die gewöhnlichen Sexualzwänge wehren und jene Bilder realisieren, die uns zur äußersten Ekstase zwingen.

Nicht-Wissen
und Zuviel-Wissen

Ein Mann und eine Frau haben sich zu einem Glas Wein verabredet. Der Abend ist lang geworden, die Stimmung ist gut, und nun stellt sich für beide, die bislang noch nichts Sexuelles miteinander hatten, die Frage, ob und wie sie die eher verdeckte Spannung in eine offen sexuelle Atmosphäre verwandeln. In aller Regel werden es die beiden vermeiden, in ihrem Gespräch die Situation zu thematisieren; vielmehr werden sie versuchen, Zeichen zu geben. Ein solches Zeichen kann darin bestehen, daß einer der beiden beginnt, den anderen zu berühren, vielleicht zunächst nur flüchtig, etwa so, als könnte es auch eine zufällige Berührung sein, später dann eindeutiger und direkter. Doch ein sicheres Zeichen für die sexuelle Bereitschaft des anderen ist auch die zärtlichste Berührung noch nicht. So wird der Mann, der sich erfahrungsgemäß in die aktive Rolle gedrängt fühlt, versuchen, Gewißheit darüber zu erlangen, ob die Frau auch ein sexuelles Interesse hat.

Diese Situation ist spannungsvoll und wird von vielen Menschen als problematisch empfunden. Sie spüren ihre Verunsicherung und fragen sich, warum solch ein Zusammensein nicht unbeschwerter sein kann. Gewiß könnte einer von beiden den anderen fragen: «Hast du auch Lust?» Solch eine Direktheit ist jedoch unüblich und meist auch unerwünscht. Nehmen wir an, der Mann würde auf diese Weise die Frau nach ihrer Bereitschaft fragen. Für sie gäbe es letztlich drei Möglichkeiten, zu antworten: Sie könnte den Mann abweisen. Dann wäre der weitere Abend wahrscheinlich durch diesen Mißklang getrübt und das zärtliche Zusammensein beendet. Die Frau könnte dem Mann ihre Bereitschaft erklären. Dann wäre das Ziel ausgesprochen. Erst recht wäre von nun an klar, daß jede Zärtlichkeit im Schatten dieses Zieles steht. Das Wissen um Klarheit würde möglicherweise die anregende Spannung vermindern. Schließlich hätte die Frau noch eine dritte Möglichkeit der Antwort, nämlich uneindeutig auf die Frage des Mannes zu reagieren und seinen Klärungswunsch zurückzuweisen. Vielleicht würde sie sich so verhalten, weil sie im Moment der Frage noch gar nicht in der entsprechenden Stimmung ist und sich allerdings noch nicht auf ein Nein festlegen möchte, vielleicht auch, weil sie spürt, daß jede Art einer festgelegten Antwort zwangsläufig Atmosphäre zerstört. Die Situation wird dann als problematisch empfunden, wenn die Beteiligten sensibel genug sind, um nicht nur das eigene Begehren, sondern auch die gegenseitige Verletzbarkeit zu spüren. Nur ein Mann, der die Frau auf gar keinen Fall verletzen möchte und auch nicht durch eine Abweisung gekränkt werden will, wird das Problem wahrnehmen; nur eine Frau, die auf ihre eigenen Bedürfnisse achtet, wird vom Zweifel über ihre Bereitschaft begleitet.

Für die Menschen früherer Generationen war die beschriebene Situation unproblematischer: Es gab klare Zeichen, die den Umgang zwischen Mann und Frau regelten. So war in der Vergangenheit schon ein eindeutiges Zeichen für eine sexuelle Handlung gegeben, wenn sich ein Mann und eine Frau abends verabredeten. So gab es Zeiten, in denen bereits die bloße Anwesenheit von Mann und Frau alleine in einem Zimmer ein Zeichen war. Und wir kennen es auch heute noch aus verschiedenen Kulturen, in denen so ein Zusammensein moralisch höchst verwerflich ist, sofern die beiden nicht verheiratet sind.

Die modernen Menschen sind verunsichert. Nicht selten wünschen sie sich – insgeheim – die verlorene Klarheit der Zeichen zurück. Doch diese Klarheit war nur möglich, solange es noch kein allgemeines Wissen um verschiedenste Formen sexueller Bedürfnisse und Verhaltensweisen gab. Was früher ein Zeichen war, hat in der Gegenwart einen Eigenwert gewonnen. Zusammensein von Mann und Frau in einem Raum oder zärtliche Berührungen stehen für uns heute immer weniger im Schatten des sexuellen Zieles. Die Trennung von Zeichen und Ziel ist Ausdruck einer modernen Einstellung zur Sexualität. Erst in einer Kultur, die über das sexuelle

Zusammensein der Menschen reflektiert, vermag man sich vorzustellen, daß ein Mann und eine Frau zusammen Wein trinken, ohne danach miteinander ins Bett zu gehen, daß sie sich intensiv umarmen, küssen, daß sie zusammen schmusen, ohne danach den gewohnten Akt zu vollziehen. Sie können eine erotische Atmosphäre genießen bis hin zu ausschweifenden, lustvollen Spielen, ohne daß es um das eine gehen muß. Das Sexuelle ist vielfältig geworden. Das eine ist nicht mehr das einzige.

Kehren wir zurück zum Beispiel. Hätte der Mann kein Gespür für differenzierte Möglichkeiten und Bedürfnisse, dann würde er schon bald gewisse Zeichen als eindeutig empfinden und recht schnell und direkt zur Sache kommen. Ihn würde nicht so sehr die Frage beschäftigen, ob die Frau selbst ein sexuelles Interesse hätte, da er ja bestimmte Zeichen längst als Zustimmung von ihrer Seite aufgefaßt hat.

Hat der Mann jedoch über die Spannung solcher Situationen des öfteren nachgedacht, dann wird er sich fragen, woran er die Bereitschaft der Frau erkennen kann. Ihm wird bewußt sein – und vielleicht wird ihn das quälen –, daß die Frau in aller Regel niemals mit jener Eindeutigkeit ihre Bereitschaft signalisiert, die er von sich selbst kennt. Kaum wird sie so drängend und eindeutig auftreten wie ein Mann.

Ein aufgeklärter Mann will einer Frau keine Gewalt antun. Er weiß, daß Gewalt auch und vor allem durch plumpe Eindeutigkeit möglich ist, daß Vergewaltigung auch ohne körperliche Gewalt geschehen kann, wenn nämlich die Frau sich zu Sexuellem nicht aus eigener Lust bereit erkärt, sondern vielleicht, um den Mann nicht zu enttäuschen, ihn nicht zu verlieren. Im besten Fall werden Mann und Frau den Spielcharakter der Situation erkennen: Wo kein Zeichen mehr gilt, muß jeder selbst entscheiden, was er als Zeichen sieht und sehen will. Die moderne Abkehr von der Eindeutigkeit der Zeichen – so schmerzvoll sie von manchem empfunden wird – ermöglicht überhaupt erst das Signalisieren eigener Bedürfnisse.

Solange allgemein gültige Zeichen herrschten, waren die Menschen auch zur Einhaltung konventioneller Sexualität verpflichtet. Erst die Unklarheit der Zeichen ermöglicht es den Menschen, sexuelle Bedürfnisse zu äußern, die sich dem als normal geltenden Ablauf widersetzen. In dieser zunehmenden Individualisierung des Sexuellen verliert die scheinbar natürlichste sexuelle Handlung, der Geschlechtsakt, allmählich seine universale Bedeutung. Einst das Nonplusultra zwischen Mann und Frau, wird er zu einer von vielen Möglichkeiten. Diese Formen wurden lange Zeit als sogenanntes Vorspiel entwertet oder auch als pervers verachtet.

Wer eine abweichende Sexualität praktiziert, wird stets zu einer Erklärung genötigt. Wer dagegen den standardisierten Akt bevorzugt, braucht sein Bedürfnis nicht einmal zu benennen. Da der Geschlechtsakt über viele Jahrhunderte als die einzige legitimierte sexuelle Handlung galt, steht unsere Sprache über Sexualität immer noch im Zeichen einer Einstellung, die letztlich nur das eine kennt. In den geläufigen Benennungen (zusammen schlafen, zusammen ins Bett gehen, sich lieben) wird der Akt an bestimmte Formen des Zusammenseins gebunden. Die Worte Zusammenschlafen und Ins-Bett-Gehen verweisen nicht nur auf eine bestimmte Atmosphäre (Schlafzimmer, im Dunkeln, möglichst im nicht-wachen Zustand), sie suggerieren auch, daß Mann und Frau, die zusammen ins Bett gehen, um zu schlafen, auch einen Geschlechtsverkehr haben: so, als sei dies die zwingende Konsequenz einer gemeinsamen Bettdecke. Ein gemeinsames Ins-Bett-Gehen gilt weithin noch als quasi eindeutiges Zeichen.

Eine Frau, die zum Beispiel mit einem Mann übernachten will, ohne zum Geschlechtsakt bereit zu sein, wird es nicht leicht haben, ihr Bedürfnis mitzuteilen, auch wenn sie es ausdrücklich betont. Ähnlich suggeriert die in weiten Kreisen verbreitete Formulierung «sich lieben», daß zwei Menschen, die dieses Gefühl füreinander verspüren, auch die entsprechende Handlung vollziehen. Diese Benennungen sind anachronistisch, weil sie suggerieren, als sei der Akt die einzige sexuelle Form, bestimmten Gefühlen oder Atmosphären Ausdruck zu verleihen. Wörter wie «bumsen» und «vögeln» bleiben lautmalerisch im infantilen Bereich, während das illusionslose

Wort «ficken» nach wie vor auf allgemeine Ablehnung stößt: Roh soll er nicht sein, der Akt.

«Kunststudent (24), nett, sucht junges Mädchen (auch Ausländerin) für Aktzeichnen. Keine Fotos. Kein Sex. Kennwort: Schreib doch mal.» – Ein Anzeigentext, der auf den ersten Blick nicht weiter auffällt. So manchem Leser mögen allerdings Zweifel kommen, ob es dem Studenten tatsächlich nur ums Zeichnen geht. Aber gerade diesem Verdacht versucht er ja in seiner Anzeige vorzubeugen, indem er ausdrücklich betont: «Kein Sex». Damit meint er: kein «Geschlechtsverkehr», keine Penetration. Überhaupt möchte er mit den Worten «kein Sex» klarstellen, daß es ihm ums Zeichnen geht und um nichts sonst. Er versucht, die Tätigkeit des Aktzeichnens vom Sexuellen zu trennen. Vermutlich würde er den Hinweis, daß jedes Aktzeichnen etwas Sexuelles ist, abwehren, vielleicht mit dem Argument, das sei bei ihm nicht so, und wer so denke, zeige nur, daß er selbst «nur Sex» im Kopf habe.

Die Haltung des Kunststudenten ist verbreitet. Der Begriff Sexualität ist für viele Menschen eng verbunden mit Geschlechtsverkehr. Meist wird das Anschauen eines nackten Menschen durch diese Haltung entsexualisiert und gilt als künstlerisch (wie in der Anzeige) oder gar als natürlich. Daß man im allgemeinen Sprachgebrauch Sexualität fast gleichbedeutend mit Geschlechtsverkehr benutzt zeigt, daß der umgangssprachliche Begriff einen großen Teil menschlicher Empfindungen zu einer offenbar besonders bedeutsamen Handlung verengt.

Der Grund für diese Verengung liegt jedoch nicht nur an einer jahrtausendealten Tradition, sondern auch an der Schwierigkeit, eine nicht eindeutig faßbare Empfindung überhaupt mitzuteilen. Diese Schwierigkeit wird dadurch umgangen, daß man Sexualität umgangssprachlich auf eine objektivierbare Handlung reduziert. Daß seit den sechziger Jahren öffentlich über Sexualität geredet wird, verweist noch nicht auf einen sensiblen Umgang mit diesem Thema. Das gewöhnliche Reden ist nur möglich, weil Sexualität als definiert gilt. Diese Festlegung dient letztlich auch dazu, über eigene, abweichende Bedürfnisse gar nicht erst nachzudenken. Die zwar harmlosen, aber doch abweichenden Bedürfnisse des zitierten Kunststudenten verleugnen ihren sexuellen Gehalt, wenn in der Anzeige steht: «Kein Sex».

Alles Sexuelle – so der allgemeine Tenor – habe mit dem Penetrations-Akt zu tun. Deshalb wird der Begriff sexuell oft als Vorwurf aufgefaßt, wenn er eine Atmosphäre beschreibt, die nicht auf das eine zielt. Wenn zum Beispiel ein Mann eine Frau flüchtig berührt, und man nennt diese Berührung sexuell, dann wird der Betreffende möglicherweise empört sein und darauf verweisen, er gehöre nicht zu der Sorte Männer, die immer nur an das eine dächte. Aber nicht nur im alltäglichen Reden, sondern auch in der psychologischen Literatur sind Sexualität und Geschlechtsakt längst gleichbedeutend. Wenn wir zum Beispiel den Satz lesen, junge Menschen hätten heute (im Gegensatz zu früher) «viel sexuelle Erfahrung» ist mit solch einer Äußerung gemeint, daß sie Erfahrung mit dem Akt haben, nicht etwa mit den unterschiedlichsten Formen der Sexualität.

Obwohl das Wort Sexualität in den letzten hundert Jahren zu einem Allgemeingut geworden ist, wurden die vom als normal geltenden heterosexuellen Geschlechtsakt abweichenden Formen immer nur am Rande berücksichtigt. Doch gerade diese Formen sind es, in denen das aufgeklärte Bewußtsein des modernen Menschen offensichtlich wird. Durch diese moderne Sexualität wird offenbar, daß das gesamte sexuelle Empfinden des Menschen nicht so natürlich ist, wie es die Propagandisten einer sexuellen Freiheit verkünden, wie es die Sex-Ratgeber-Psychologen in den Medien den ängstlich-verklemmten Menschen in guter Absicht weismachen wollen.

Das am Anfang geschilderte Problem von Mann und Frau bei einem Glas Wein steht für das allgemeine Problem des modernen Menschen mit Sexualität. Vielleicht ist Sexualität der letzte große Bereich, den sich der Mensch bis in die Gegenwart hinein als animalischen Rest bewahren konnte und mußte. Zum Problem wird dieses Archaische, wenn es Gegenstand der Reflexion wird. Ein Gefühl verändert sich, sobald es von Wissen begleitet wird. Sobald ich weiß, daß ich ein bestimmtes Gefühl habe, ändert sich der Ausdruck dieses Gefühls: Ich werde mich fragen, in welcher Umgebung und Atmosphäre ich überhaupt bereit bin, mein Gefühl zu zeigen. Und mein Einfluß auf das Zeigen und Verbergen wirkt wiederum auf das Gefühl selbst zurück. Je stärker wir unsere Bedürfnisse als individuell erfahren, desto wichtiger ist es für uns, einen angemessenen Rahmen für das Ausleben unseres Begehrens zu finden. Ein individuelles Gefühl wehrt sich stets dagegen, durch konventionelle Muster amputiert zu werden.

Leidet ein Hund, wenn er eingesperrt ist? Er wird vielleicht aufgeregt hin und her laufen, laut bellen und auf diese Weise kundtun, daß er mit der Einschränkung seiner Freiheit nicht einverstanden ist. Wenn wir sein Leiden mit dem entsprechenden Leiden eines eingesperrten Menschen vergleichen und unser Gedankenspiel bis zur Frage zuspitzen, wer unter dem Freiheitsentzug stärker leidet – der Hund oder der Mensch –, dann klingt diese Frage eigenartig, und recht bald wird uns klar, daß wir sie nicht beantworten können. Die Skurrilität der Frage verdeutlicht uns den grundsätzlichen Unterschied zwischen menschlichem und tierischem Leiden: Der (zum Beispiel im Gefängnis) eingesperrte Mensch weiß in der Regel ziemlich genau, wie lange er noch hinter verschlossenen Türen verbringen muß, und wenn man ihm dieses Wissen vorenthält, bestraft man ihn zusätzlich. Der Mensch weiß auch um die Ursache der Situation und hat genaue Vorstellungen davon, auf welche Erlebnisse und Erfahrungen er in der Unfreiheit verzichten muß. Sein Wissen kann das Leiden sowohl verstärken als auch vermindern. Deshalb ist das Leiden des Menschen mit dem Leiden des Hundes im Grunde unvergleichbar.

Sobald wir wissen, daß wir ein bestimmtes Gefühl haben, ist dieses Gefühl nicht mehr mit dem ungewußten Gefühl identisch. Auch die aufgeklärte Sexualität ist letztlich nur schwer vergleichbar mit dem Begehren eines Menschen, der nie über seine Bedürfnisse nachgedacht und auch keinen Begriff von Sexualität hat. Sexuelle Empfindungen verändern sich mit der Fähigkeit von Benennung und Imagination. Ein Mann, der zum Beispiel nie über die Lust der Frau nachgedacht hat, muß zwangsläufig eine andere (Hetero)-Sexualität haben als ein Mann, den diese Frage intensiv beschäftigt. Die Sexualität des ersteren ist für sich unproblematischer und eindeutiger, sie wird jedoch mit einer Gesellschaft kollidieren, die ein gewisses Maß an Einfühlsamkeit fordert. Die Sexualität des letzteren ist dagegen schon von vornherein problematisiert und wird ohne Reflexion gar nicht mehr zu leben sein. Jedes Problem mit Sexualität ist vor allem durch unser Wissen, durch unseren Aufklärungsstand geprägt: Ein archaischer Mensch, der zum Beispiel den Geschlechtsakt vollzieht, ohne zu wissen, daß dieser Akt der Fortpflanzung dient, wird völlig anders empfinden als ein Mensch, der um diesen Zusammenhang weiß. Und ein moderner Mensch, der den Akt als Teil einer verbreiteten gesellschaftlichen Erwartungshaltung, als Konvention erkennt, wird sich wiederum von demjenigen unterscheiden, der seinen Drang noch als natürlich und unhinterfragt wahrnimmt. Sobald ein Verhaltensmechanismus als solcher erkannt ist, kann er nicht mehr zwangsläufig vollzogen werden. Sobald der Mensch weiß, daß er einen Trieb hat, ist gerade das, was er als Trieb erkennt, nicht mehr der Trieb.

Das Hauptproblem des modernen Menschen mit der Sexualität ist eine bestimmte Art von Wissen, die sein Begehren begleitet. Wie kann man trotz des wachsenden Bewußtseins über Sexualität seine Bedürfnisse leben? Diese Frage geht von der allgemeinen Erfahrung aus, daß ein Bewußtsein über Trieb und Instinkt eine hemmende Wirkung hat. Wer um seine Gefühlsreaktionen weiß, wer sich selbst beobachtet, wird genau darüber nachdenken, wo und wann und mit wem er seine Gefühle äußern möchte. Der Kreis der Personen, die für ein gemeinsames sexuelles Erleben überhaupt in Frage kommen, reduziert sich.

Den geschichtlich ersten Versuch, das moderne Problem mit der Sexualität zu lösen, finden wir bei Sigmund Freud (und radikaler noch bei Wilhelm Reich). Lapidar gesagt wird uns geraten, den Trieb zu bejahen, die im 19. Jahrhundert verbreitete Mißachtung des Sexuellen aufzugeben. Dieser Versuch mystifiziert das bewußte Ich und glaubt an die durchweg positive Macht des Wissens. Bei

Freud und Reich wird kaum beachtet, daß gerade unser Wissen eine entscheidende Ursache des Problems ist. Ein modernerer, heute recht verbreiteter Versuch, mit dem Problem umzugehen, zielt in eine andere Richtung: Indem man den hemmenden Charakter unseres Bewußtseins erkennt, macht man das Zuviel-Wissen für das Problem verantwortlich. Fremde, frühe Kulturen werden idealisiert. Gespriesen wird das Nicht-Denken. Ersehnt wird die Auflösung des einengenden Verstandes. Doch auch dieser Versuch bleibt ein Ideal, denn was wir einmal wissen, das werden wir auch ein Leben lang mit uns herumtragen. Die Forderung, körperlich zu sein und möglichst nicht mit Wissen oder Verstand in das Triebhafte einzugreifen, forciert nur eine jahrtausendealte kulturelle Trennung zwischen Geist auf der einen und Trieb auf der anderen Seite: Die Kluft zwischen trieblosem Geist und geistlosem Trieb wird vergrößert.

In unserer Kultur wurde Sexualität erst spät zum Thema. Wie kein anderer Bereich des menschlichen Lebens war Sexualität als ernsthaft diskutiertes Problem, als philosophische Frage tabuisiert. Wenn etwas so stark tabuisiert wird, kann der Grund nicht nur ein sozialer sein. Offenbar wirkt in der Verdrängung der Frage nach Sexualität auch der biologische Fortpflanzungstrieb des Menschen, der mit aller Macht ein Bewußtsein über Sexualität verhindern möchte, um den Bestand der Art nicht zu gefährden. Erst heute erkennen wir, daß sexuelle Handlungsmuster nicht mehr allgemein verbürgt sind. Erst wenn uns das als natürlich Propagierte wie etwas Fremdes erscheint, kann eine Frage nach Sexualität überhaupt thematisiert werden.

Der arterhaltende Akt mag für den Steinzeitmenschen noch eine Instinkthandlung gewesen sein. Erst der moderne Mensch, der womöglich schon vor seiner Pubertät weiß, daß er einmal dieses ganz bestimmte Bedürfnis entwickeln müßte, wird etwas Fremdes in dem scheinbar so Natürlichen entdecken und sich fragen: Ist es wirklich dies, worauf alles hinausläuft?

Es fällt uns immer schwerer, überhaupt irgendeine sexuelle Handlung als natürlich zu empfinden. Diese allgemeine Verunsicherung führt dazu, daß die Menschen möglichst viel über

Sexualität wissen wollen. In diesem Wissensdrang wird jedoch nur selten nach den eigenen Bedürfnissen gefragt. Wissen um Sexualität bedeutet für viele Menschen: zu erfahren, wie «es» geht, wie «man» es macht. Wo die Zeichen nicht mehr klar sind, tritt ein Bedürfnis nach verbürgten Verhaltensnormen hervor. Viele Menschen sind bereits froh, wenn sie das Gefühl haben, einem halbwegs verbindlichen Standard zu genügen. Das Gewohnte läßt sich unkompliziert handhaben, während man doch ahnt, daß jede Abweichung von der Norm einen besonderen – oft problematischen – Zugang erfordert. Nicht selten favorisiert man auch dann das Gewohnte, wenn es eher als unlustvoll empfunden wird. Offenbar ist es eine Erleichterung, sich der Wertung von Lust anzupassen. Dann erlebt man zwar nicht unbedingt Lust, aber bewegt sich mit dem Gefühl von Sicherheit in einem Bereich, der üblicherweise mit Lust in Verbindung gebracht wird.

Die größte sexuelle Sorge des modernen Mannes ist, im Bett nicht zu versagen. Er will wissen, was normal ist, damit er nicht – unwissend – etwas allzu Unerwartetes tut, damit er keine Peinlichkeit und keinen Fauxpas provoziert. Er will wissen, was allgemein als erwünscht gilt, und vergißt darüber allzuhäufig, nach seinen eigenen Bedürfnissen zu fragen. Er möchte Bescheid wissen, damit die sexuelle Handlung möglichst selbstverständlich geschehen kann. Sein Wissen soll ihm dazu dienen, nicht weiter nachfragen, nicht benennen, nicht als individuelle Person sein Begehren vertreten zu müssen, sondern im Namen der Norm. Er hat Angst, durch Reden etwas kaputtzumachen. Diese Angst ist verbreitet, weil Sexualität als ungewöhnlich sensibler, zerbrechlicher Bereich angesehen wird.

Wer stets der Konvention folgt, weil er nichts kaputtmachen möchte, muß sich jedoch fragen, ob das, was da erhalten wird, überhaupt erhaltenswert ist. Wer der Konvention folgt, weicht der Frage nach den eigenen Bedürfnissen aus. Er braucht keine eigene Verantwortung für sein Tun zu übernehmen, weil er sich auf den als normal geltenden Drang berufen kann. In der Geschichte der abendländischen Sexualität wurden bestimmte unnormale sexuelle Handlungen um so mehr verboten, je mehr den Beteiligten das Individuelle und Abweichende ihres Tuns bewußt war. Wo eine verbotene sexuelle Handlung überlegt geschah, wurde der Täter mit aller Härte verfolgt und bestraft – etwa der bewußt praktizierende Homosexuelle.

So ist aus vielen Kulturen bekannt, daß ein Mann, der mit einer nicht mit ihm verheirateten Frau den Akt vollzieht und danach vorgibt, von einem unwiderstehlichen Drang mitgerissen worden zu sein, als weniger strafenswert und hinterhältig gilt als der spielerisch Verführende. Dem ersteren unterstellt man – da er unbewußt handelt –, die Frau zu schänden, dem letzteren jedoch wirft man vor, den Ehemann der Frau zu beleidigen, weil er sich die Zustimmung der Frau erschleicht, anstatt sie – unüberlegt-triebhaft – zu vergewaltigen. Der beste Schutz vor Verantwortung ist das Unwissen: Auch in der modernen Kultur ist es noch verbreitet, im Zweifelsfall, sobald es problematisch wird, vom sexuellen Charakter einer Situation nichts gewußt haben zu wollen. Zum Beispiel, wenn ein Mann, der von einer Frau abgewiesen wurde, vorgibt, er hätte gar nichts von ihr gewollt, und es sei letztlich ihr Problem, wenn sie seine Absichten als sexuelle deutet.

Unser angehäuftes Wissen über Sexualität soll in der Regel dazu dienen, möglichst selten in eine Situation zu kommen, die eine – manchmal peinliche – Berufung auf Nicht-Wissen erforderlich macht. So sehr ein Wissen über Sexualität zur Pflicht geworden ist, so wenig ist ein Nachfragen nach individuellen Bedürfnissen kultiviert. Daß es um die Ausbreitung von Normalität geht, wird bei empirischen Umfragen zum Sexualverhalten besonders offensichtlich. Die Befragten geben nur allzuoft keine Antworten, die ihren Erfahrungen wirklich entsprechen, sondern passen sich meist den in der Umfrage vorgegebenen Mustern an und verschweigen abweichende – und allgemein negativ bewertete – Erfahrungen. So fragt man zum Beispiel: «Was ist für Sie beim Küssen wichtig?», und gibt mögliche Antworten vor: «mit offenem Mund», «mit halboffenem Mund», «Zunge im Mund des anderen», «Mund feucht» und so weiter. Der Befragte steht unter dem Druck, etwas angeben zu müssen, obwohl ihm sein Gefühl sagt, daß er solch eine Frage im

Grunde gar nicht – verallgemeinert – beantworten kann. Seine Antwort entspricht weniger seiner Empfindung, sondern eher schon seinem Anspruch. Daß es beim Küssen um Atmosphäre geht, bleibt unberücksichtigt. So entsteht der Eindruck, Küssen – wie Sexualität überhaupt – sei eine Sache der Technik. Zugleich wird durch die Verbreitung solcher Umfrage-Ergebnisse der fatale Eindruck geschürt, die Befragten wüßten mit einer unglaublichen Exaktheit über ihre sexuellen Vorlieben Bescheid. Umfragen sagen nie, was die Menschen tatsächlich empfinden und erfahren, sondern welche Ansprüche zur Zeit der Umfrage gerade Konjunktur haben.

Der moderne Sex ist der definierte Sex. Die Unzufriedenheit vieler Menschen mit dieser Art von Sexualität kommt in den geläufigen Umfrage-Ergebnissen nur am Rande vor. Den Mut, die eigene Unzufriedenheit einzugestehen, finden die meisten Menschen nicht in einer anonymen Umfrage, sondern erst in einem intensiven, persönlichen Gespräch. Da unter Sex in erster Linie der gewohnte Akt verstanden wird, entsteht ein Bild, nach dem die Menschen mit überwiegender Mehrheit nur das eine wollen. Individuelle Phantasien lassen sich nicht in Tabellen fassen und gelten – wo sie veröffentlicht werden – kaum als Richtlinie, weil sie ja «nur» von einzelnen erzählt werden.

Wenn Tiere eine sexuelle Handlung vollziehen, geht es stets um Penetration. Die dem aufgeklärten Menschen geläufige Trennung von Geschlechtsakt und Arterhaltung ist dem Tier ebenso fremd wie der Verzicht auf den Akt zugunsten einer anderen sexuellen Praktik. Tiere wollen nur das eine, doch dafür reichen unsere aufgeklärten Begriffe nicht hin, die sich erst aus der Brechung mit Inhalt füllen. Im Sinne der Arterhaltung unterliegt der Mensch einem Penetrationszwang. Doch wie jeder Zwang wirkt er am stärksten, solange seine Funktion unerkannt ist. Je mehr sich in der Geschichte der Menschheit das intuitive Wissen um den Zusammenhang von Geschlechtsverkehr und Arterhaltung zu einem rationalen Wissen wandelte, desto leichter wurde es für den Menschen, diese beiden Bereiche als voneinander trennbare zu interpretieren.

Dieser allmähliche Einbruch des Bewußtseins in einen vorher sorgsam unbewußt gehaltenen Bereich mußte sich auf das Denken der Menschen auswirken. Es entstand ein Wissen um Formen von Sexualität, die nicht der Fortpflanzung dienen. Je klarer der Zusammenhang von Ursache – nämlich dem Akt – und Folge – dem Kind – in die Köpfe eindrang, desto stärker der Ruf nach moralischer Verantwortung, der Zwang zur Ehe. Offensichtlich wurde zugleich auch der Drang nach Sexualität ohne lästig werdende Folge. Arterhaltung selbst wurde nicht mehr unbedingt als positiv gesehen, das heraufziehende Bewußtsein machte sie fragwürdig.

Noch Sigmund Freud geht davon aus, daß der verbürgte Akt das Wesentliche der Sexualität ist und auch die höchste Lust. Wer andere Sexualziele im Auge hat – Freud spricht von «vorläufigen Zielen» (zum Beispiel bloßem Schauen) –, ist nach dieser Sicht tendenziell pervers. Freud sieht den Menschen als gespaltenes Wesen, aufgeklärter Geist und natürlicher Trieb scheinen unbeeinflußt voneinander. Einerseits fordert er den bewußten Menschen, andererseits soll dieser am unreflektierten Akt festhalten. Die Tiefe dieses Gegensatzes hat Freud nicht gesehen, sein idealistischer Glaube ans Bewußtsein war so groß, daß er annahm, einst unbewußt Vollzogenes könnte genauso auch bewußt geschehen. Bewußtsein ist jedoch niemals nur Gewinn. Stets tötet es Instinkte und Automatismen. Freud übersah, daß es in einer hochaufgeklärten Kultur durchaus ein Wert sein kann, sich nicht fortzupflanzen. Je mehr nämlich Lust selbst als etwas Bewußtes empfunden wird, desto mehr entfernt sie sich vom Drang nach dem einen. Bewußte Lust heißt: Vorstellungen, Bilder, Phantasien zu entwickeln. Im Mittelpunkt dieser Phantasien steht nicht mehr die arterhaltende, notwendige Handlung, sondern die Situation, der Moment, die Atmosphäre. Was Lust ist, wird neu bestimmt.

Problematisch wird der Akt, sobald sich der Mensch als individuelles Wesen erfährt. Dem modernen Menschen ist seine Art gleichgültig geworden, weil er die Verbindung zwischen eigenem Bedürfnis und dem der Art nicht mehr sieht. Das kann sowohl in einer Abkehr vom Kinderwunsch geschehen als auch im Entdecken sexueller Bedürfnisse jenseits der Gewohnheit. Während das Tier seine Art erhalten will und muß, entledigt sich der moderne Mensch dieses Zwanges. Indem er in seinem individuellen Tod zugleich das Ende von allem sieht, interessiert ihn immer weniger, was mit der Menschheit in hundert oder zweihundert Jahren geschehen wird. Sind für uns nicht hundert Jahre genauso weit weg wie hundert Millionen? Unsere Rationalität sagt uns, daß es irgendwann ohnehin keine Menschen mehr geben kann. Ist dann nicht die «Art» etwas für den einzelnen Sinnloses?

Diese Fragen werden nur selten unverblümt gestellt. Das liegt daran, daß wir eine Moral verinnerlicht haben, die als Korrektiv für die Sünde eines Bewußtseins von Individuation wirkt. Jede Moral ist in diesem Sinne eine Gruppen-, Massen-, Herden-, eben eine Arterhaltungs-Moral mit einem biologischen Zug. Moral zu fordern hat einen totalitären Aspekt, je individueller die Menschen leben. Moral beinhaltet Reste des Überindividuellen und dient somit der Art: in einer Phase, in der die Menschheit gefährdet ist, weil der moderne Mensch nicht mehr mit der Art fühlt. Daß diese Moral mit sich selbst in Widerspruch gerät, ist eine zwangsläufige Folge zunehmender Aufklärung. Um die Art zu erhalten, wird das sexuelle Treiben einer Kontrolle unterworfen.

Unser Begriff von Sexualität setzt erst ein, wenn sich das Sexuelle vom Zwang zur Fortpflanzung löst. Unbedacht bleibt oft die Konsequenz – daß die neu entstandene, individuell erfahrbare Lust beginnt, sich gegen den arterhaltenden Akt zu richten und daß deshalb die moderne Kultur versucht, die an der Norm Zweifelnden immer und immer wieder zum Akt zu bewegen. Nichts schadet dem Bestand der Art mehr als eine Sexualität, die sich als individuell versteht. So entstand mit zunehmender Aufklärung eine moralistische Hetzjagd gegen jede nicht-arterhaltende Sexualität, sei es die Homosexualität, sei es die Onanie, sei es auch nur die sexuelle Phantasie. Das alles mußte als pervers gelten.

Die drei großen monotheistischen Religionen überboten sich gegenseitig in ihrer gewaltsamen Unterdrückung jeder Art von Sexualität jenseits der Norm. Die Moral von Christen-, Judentum und Islam griff um so tiefer ins Leben der Menschen, je mehr ihnen der naive Fortpflanzungszwang abhanden kam. Nun sage keiner, das sei vielleicht im 19. Jahrhundert so gewesen. Wer ernsthaft meint, es gebe heute kaum noch sexuelle Reglementierungen, spürt nicht, wie sehr er selbst im Einklang mit dieser Moral steht, auch – und vielleicht gerade – wenn er meint, sie abzulehnen. Wie viele Menschen gibt es, die den herrschenden sexuellen Werten nur sehr wenig abgewinnen können, aber nicht in der Lage sind, dieser Ablehnung etwas Positives entgegenzusetzen, weil sie nicht den Mut haben, ihre eigenen Bedürfnisse zu artikulieren oder gar zu leben. Stets wurde ihnen eingeredet, daß man entweder die normale Sexualität hat oder gar keine. Wer die Norm als öde empfindet, solle sich gefälligst asexuell fühlen oder in eine Vergeistigung entfliehen.

Sexualität wird oft als besonders frei dargestellt. Die heutige Jugend sei freier als die vorangegangene, und über die Verklemmungen der Alten lacht man. Aber die vielbeschworene Freiheit ist Indiz dafür, daß etwas hinter dieser Beschwörung verborgen sein muß. Erst die Ideologie einer sexuellen Freiheit zwingt zur Offenheit, zum selbstverständlichen Umgang mit Sexualität. Dem Anspruch, locker und leicht mit Sexualität umzugehen, wird man am ehesten gerecht werden, wenn man sich im Einklang mit allgemeinen Erwartungen weiß. Sobald man jedoch von der Norm abweicht, wird man nicht so spontan sein können, wie es der modernen Vorstellung entspricht. Hinter der sexuellen Freizügigkeit verbirgt sich also meist eine starre Vorstellung von natürlichem Verhalten, die in der Regel jede individuelle sexuelle Phantasie diskreditiert und durch allgemein gültige Bilder ersetzt.

Während in früheren Jahrhunderten schon bloße Gedanken an Sexuelles als verwerflich und Sünde galten, wurden im Laufe der letzten hundert Jahre immer mehr sexuelle Vorstellungen und Bilder erlaubt und propagiert. Es ist bequem, sich keine eigenen Vorstellungen mehr machen zu müssen: eine ganze Industrie versucht, die Menschen kontrolliert zu stimulieren. Bestimmte Muster werden in ihre Köpfe gepreßt. Während früher Verhaltensweisen und Umgangsformen vorgeschrieben waren, mußte mehr und mehr und direkter denn je der standardisierte Akt selbst zur benannten Konvention werden.

In jedem Sexfilm, in jeder Jugendzeitschrift wird dargestellt, nach welchem Muster der Akt abzulaufen hat und vor allem, daß er überhaupt geschehen muß und daß anderes nur Vorspiel ist. So wird zum Beispiel ein Mann in einem Sexfilm sehen, wie erregt eine Frau ist, die gar nicht abwarten kann, von einem Mann penetriert zu werden. Sie zittert, bebt und stöhnt vor Ekstase. Wenn ein Mann die Filmszene mit seinen persönlichen Erfahrungen vergleicht, wird er sich leicht als Versager vorkommen. In aller Regel fragt er sich, wie er «es» besser machen kann, und das heißt, wie er sich besser anpaßt. Je eindeutiger der Akt benannt und propagiert wird, desto subtiler werden andere sexuelle Praktiken unterdrückt.

Je aufgeklärter der Mensch, desto größer seine Bereitschaft zu einer nicht-arterhaltenden Sexualität. Indem die Sex-Industrie einen Rahmen für Normalität vorgibt, erweist sie sich im Grunde als eine der letzten großen Bastionen der Moral. Was vordergründig aus ökonomischen Gründen geschehen mag, sorgt sich auf höherer Ebene um die Art selbst. Es ist kein Zufall, daß dies jetzt, im 20. Jahrhundert, geschieht, zu einer Zeit, in der die menschliche Art mehr und mehr ihr drohendes Ende vor Augen hat.

Vielleicht hätten heute viele Menschen überhaupt kein Interesse mehr am Akt, wenn sie nicht in eine Gesellschaft hineingeboren würden, die das eine als besonderen Wert feiert. Dieses Feiern wird nicht offen verordnet. Nicht etwa fordert der Präsident sein Volk zum Penetrieren auf. Nein, der Wert des Aktes wird jedem einzelnen immer noch als etwas Subversives vermittelt. Auch heutige Jugendliche lernen früh, daß eine sexuelle Beziehung ohne den Akt nur wenig gilt, er wird zum Symbol für Reife, Erwachsensein, Loslösung von den Eltern. Er hat eine subversive rituelle Bedeutung. Den Charakter des halbwegs Unmoralischen nimmt das Sexuelle jedoch erst für den modernen Menschen an. Während der nicht-moderne Mensch den Akt noch völlig unbedacht – zum Beispiel: ehelich-christlich – vollzieht, wird erst mit zunehmender Individuation klar, daß es sich hier um Sex handelt, das heißt immer auch um etwas Schmutziges oder zumindest Problematisches. Daß dieses Schmutzige zugleich wieder als vollkommen natürlich gilt – solange es eben auf das eine hinausläuft –, vermittelt uns eine arterhaltende Moral. Der Akt bleibt subversiv, soweit es sich nicht um die langweilige, aberhundertste Auflage einer ehelichen Pflicht handelt.

Menschheitsgeschichtlich beginnt das Problem mit dem Geschlechtsakt schon da, wo man ihn nicht mehr öffentlich vollzieht. Vielleicht beginnt es bei den Berggorillas, die hinter einem Busch verschwinden. Der Akt ist von Anfang an nicht in dem Sinne natürlich wie Essen und Trinken. In allen Kulturen wird er mystifiziert, ritualisiert oder tabuisiert. Einen selbstverständlichen Umgang werden wir vergeblich suchen. In unserer Kultur – so sagt man – sei Sexualität stets unterdrückt worden. Der Begriff der sexuellen Unterdrückung ist zum Schlagwort avanciert. Wenn wir dieser These zunächst einmal zustimmen, dann müssen wir fragen: Was wurde denn unterdrückt?

In den sechziger Jahren erlangte dieses Schlagwort eine besondere Popularität, in einer vereinfachten Auslegung bedeutete es: Man kann nicht überall und jederzeit dem für natürlich befundenen Sexualziel nachgehen. Mit dem Gefühl subversiver Radikalität fragte man sich, warum denn Mann und Frau, die sich gerade in einem Café oder in einer U-Bahn kennengelernt haben, nicht sofort ihrem natürlichen Bedürfnis gemäß das eine umsetzen, warum man nicht einfach zu einem fremden Menschen sagen kann: «Ich will jetzt vögeln!», etwa auf dieselbe Weise, in der man seinem Bedürfnis nach Nahrung folgt und sich etwas Eßbares kauft. Warum, so fragte man, ist die Penetration so kompliziert, obwohl sie doch so «natürlich» ist.

Dagegen ist zu fragen: Wurde dieser eine Akt jemals unterdrückt? Gab es eine Kultur, die den Akt so weit reglementierte, daß sie daran – mangels Fortpflanzung – zugrunde ging? Offenbar wurde der Akt niemals unterdrückt, da die Fortpflanzung im Sinne einer jeden Gemeinschaft, einer jeden Kultur, eines jeden Staates war. Tatsächlich war es geschichtlich ein Ziel, die Arterhaltung zu sichern. Das heißt: die Menschen durch bestimmte Formen sexueller Kultivierung, durch bestimmte Rollenbilder von Mann und Frau, letztlich durch eine bestimmte Sprache über Sexualität zum einen zu motivieren.

Was unterdrückt wurde, und immer noch wird, ist nicht der Akt, sondern jede Art Sexualität, die von diesem Akt abweicht. Unterdrückt wird der Eigenwert sexueller Spannung und Atmosphäre, unterdrückt wird ein exzessives Zusammenspiel von Angst und Lust, von Ausgeliefertsein. Unterdrückt werden Homosexualität, Onanie und Phantasie. Unterdrückt wird jede Sexualität, die die Bindung an Arterhaltung sprengt. Wie sehr die Lust an anderen sexuellen Handlungen ein Tabu ist, verraten zum Beispiel die Fernseh-Spots zum Thema Aids. Dort wird für den Gebrauch von Kondomen geworben, obwohl jeder sensible Mann weiß, wie sehr ein Kondom die genitale Lust vermindert. Es gibt keinen Spot, in dem andere sexuelle Handlungen propagiert werden, es wird nicht gezeigt, wie zwei Menschen auf den Akt verzichten und sich andere Praktiken ausgedacht haben. Diese Unfähigkeit, etwas anderes als den gewohnten Akt zu finden, ist ein Ausdruck tatsächlicher sexueller Unterdrückung der ideologischen Fixierung alles Sexuellen auf das eine.

Während man seit etwa hundert Jahren alle möglichen menschlichen Verhaltensweisen als Ausdruck von Milieu, Kindheit, Sozialisation interpretiert, verschont man den Akt von dieser Deutung. Allzuschnell ist man mit der Vokabel des Natürlichen bei der Hand. Indem Natürlichkeit, Penetration und Lust eine Einheit bilden, sieht sich der moderne Mensch einem zunehmenden Druck ausgesetzt, diesem dreifachen Anspruch auch gerecht zu werden. Sobald er sich diesem Anspruch unterwirft, unterbindet er bereits jede differenzierte Wahrnehmung sexueller Lust.

Wo eine einheitliche Lust propagiert wird, geht es stets um die Einhaltung von Konvention. Daß Menschen glauben, eine bestimmte Handlung würde ihnen die größte Lust verschaffen, sagt weniger über ihre tatsächlich erlebte Lust als über die Verbreitung einer bestimmten Wertung. Diese Wertung ist ein Überbleibsel eines in der menschlichen Art über Jahrtausende gültigen, festgelegten Verhaltensmusters, das kein Abweichen zuließ. Es entspricht dem weitgehend unaufgeklärten Menschen, der klare Verhaltensweisen hatte, um sein sexuelles Verlangen kundzutun. Seine Zeichen waren ebenso unmißverständlich wie die folgende Handlung. Sowohl die Vielfalt als auch die Mißverständlichkeit der Zeichen sind Eigenschaften aufgeklärterer Gesellschaften.

Die Psychologie hämmert uns ein, daß beim gewöhnlichen Akt unsere Lust im Mittelpunkt des Interesses steht und nicht ein Regelsystem. So wird ein Mensch, der sich nie über seine eigenen sexuellen Bedürfnisse Gedanken gemacht hat, den Akt als angenehm empfinden, weil durch diese Handlung das erwartete Ziel erreicht wird. Daß etwas im Einklang mit der allgemeinen Erwartung von Lust geschieht, wird von vielen Menschen als Erleichterung empfunden. Meist wird versucht, das individuelle Bedürfnis in den regulierten Ablauf zu integrieren, das heißt konkret den Norm-Akt so zu gestalten, daß man ihm noch irgend etwas abgewinnen kann. Vielleicht wird der Mann die Nacktheit der Frau vor dem Akt genießen und die Frau im Vorspiel die zärtlichen oder auch gierigen Berührungen des Mannes.

Für viele Menschen stellt sich mehr und mehr das Problem, daß sie ihren Drang nach dem einen eher als Zwang empfinden und bei genauer Überlegung zu der Erkenntnis kommen, daß der Akt ihnen eigentlich gar nichts oder nur wenig bringt. Daß der Akt die höchste Form der Lust darstellt, wie Wilhelm Reich und nach ihm ein Heer von Penetrations-Propheten in den sechziger Jahren nicht müde wurden zu verbreiten, mag therapeutisch eine wirksame Formel sein, um dem Gehemmten eine Anpassung an die Norm zu ermöglichen, mehr aber nicht. Wer an die Norm nicht mehr glauben kann, wer jemals eine Lust hinter dieser Norm erlebte, wird sich andere Muster suchen, die seiner Lust entsprechen.

Sobald der gewohnte Akt als sozialisiert und nicht mehr als natürlich empfunden wird, sobald Penetration und Sexualität nicht mehr als Gleichung gelten, wird der Blick dafür geschärft, daß sexuelle

Lust nicht nur bedeutet, eine bestimmte Handlung zu vollziehen, sondern daß jeder Sexualität eine Spannung zwischen Wollen und Gewollt-Werden innewohnt. In unserer Kultur wurden diese Spannungspole einer männlichen und einer weiblichen Rolle zugeordnet. Der Mann soll wollen, die Frau soll gewollt werden. Doch nicht etwa ist der Mann – sozusagen biologisch – aktiv und die Frau passiv, in anderen Kulturen gibt es bekanntlich andere Verhaltensmuster. Nicht etwa können wir in der Beobachtung von aktiven Männern und passiven Frauen etwas über «den Mann» oder «die Frau» aussagen, wohl aber teilt sich eine Einsicht in das Wesen der Sexualität mit: aktiv und passiv, Subjekt und Objekt, Macht und Ohnmacht sind Grundmuster sexueller Spannung.

Daß diese Muster in unserer Kultur den beiden Geschlechtern zugeordnet sind ist eine sozialisierte Regelung, die – wie jede Sozialisation – die Empfindungsmöglichkeiten der Menschen einengt zugunsten eines gesellschaftlich nützlichen Verhaltens. Jede sexuelle Regelung und jede vorgegebene Konvention dient dazu, den Zugang zur standardisierten Handlung zu erleichtern. Wenn Mann und Frau ohne Wissen um diese Muster aufeinanderprallen, wenn der männliche Mann die weibliche Frau begehrt, verbürgt die Ungleichheit der beiden eine sexuelle Spannung, die dem nützlichen Arterhaltungs-Akt förderlich ist. Der Mann fühlt sich aktiv, als Subjekt, spürt Macht; die Frau ist passiv, Objekt und ohnmächtig. Erst wenn bewußt wird, wie sehr diese Zuordnung von Rollenbildern intensive Lust behindert oder gar unmöglich macht, wird den beiden ihre Rolle fragwürdig. Der Mann beginnt, die von ihm erwartete Aktivität als Druck zu empfinden und fragt nach der Lust der Frau, die sich ihrerseits durch die ständige Objektrolle sexuell und sozial reduziert fühlt.

Es ist durchaus üblich geworden, diese Rollen zu hinterfragen. Selten geschieht dies radikal genug, oft bleibt es bei der Forderung, die Rollen einander anzunähern oder aufzuheben. «Gleichheit» wird proklamiert bis hin zum verlogenen Ideal vom gleichzeitigen Orgasmus. Sexualität reduziert sich auf Zuneigung, Liebe und Zärtlichkeit und verliert an Spannung, Ausschweifung und Rausch.

Wenn wir intensive Lust erleben wollen, dürfen wir nicht bei der Aufhebung der Rollen stehenbleiben: Wir müssen unsere eigenen Rollen bestimmen, wir müssen mit den Rollen spielen. Nie geht es im Spiel um den eingefahrenen Akt, sondern stets um die Erhöhung der Spannung zwischen Wollen und Gewollt-Werden. Indem jedes Spiel Rollen bewußt einsetzt, kann es auch die Zuordnung der Rollen an bestimmte Geschlechter überwinden. Dem Mann kann die Möglichkeit gegeben werden, sich als Objekt wahrzunehmen, sich auszuliefern, und die Frau kann Gefallen an der umgekehrten Rolle finden. Ob die Rollen so oder anders verteilt werden, welche Bilder man wählt, bleibt der Phantasie der Handelnden überlassen. Selbst Gewalt und Bedrohung als Bestandteil der Lust werden lebbar, wenn Aufgeklärtheit und Sensibilität den Spielcharakter des Geschehens bestimmen. Nur wo es dem Spiel an Phantasie mangelt, behält das Ziel seine überdimensionale Bedeutung. Nur wer die Spannung nicht erträgt, wird sich auf den festen Halt der Konvention verlassen müssen.

Abweichung

Wenn ein Mann und eine Frau zusammensitzen und sich gegenseitig ihre sexuelle Bereitschaft signalisiert haben, dann gilt es meist nur noch, den ersten Schritt zu tun. Man berührt sich, lacht sich an, umarmt sich. Das Bett wird gemacht. Das Ziel ist klar. Variationen sind nur im Vorfeld möglich: Bleibt das Licht an oder wird es ausgeschaltet? Ist man dabei nackt oder nicht? «Dabei» – mehr braucht man nicht zu sagen. Ohnehin weiß jeder, worum es geht. Man wußte es schon am Anfang, als von «Mann und Frau, die zusammensitzen», die Rede war.

Wenn einer der beiden jedoch dem gewöhnlichen Ablauf nicht folgen möchte, kann der so harmonisch begonnene Abend problematisch werden. Die angenehme Stimmung kann in Enttäuschung und Unverständnis umschlagen. Ein Mann, der sich der erwarteten Norm widersetzt, wird bei der Frau das Gefühl hervorrufen, seine Zuneigung zu ihr sei nicht groß genug. Er wäre zur Erklärung genötigt, wo doch wortlose Übereinstimmung erwünscht war.

Gewiß gibt es viele sexuelle Bedürfnisse, die sich in den Ablauf integrieren lassen: Ein Mann, dem zum Beispiel das bloße Anschauen der nackten Frau viel mehr Lust bereitet als der gewöhnliche Akt, wird versuchen, sein Bedürfnis im Rahmen dessen, was man Vorspiel nennt, zu befriedigen. Er wird die als Höhepunkt gedachte Penetration als Pflicht empfinden und möglichst lange hinauszögern, um auf diese Weise mehr Zeit für das Schauen zu haben. Er wird die Frau anschauen, ohne ihr ausdrücklich seine Vorliebe mitzuteilen. Wenn er jedoch ein weitergehendes Bedürfnis hat, wenn er zum Beispiel den Akt nicht konventionell vollziehen möchte, sondern auf eine andere, ungewöhnlichere Art, dann wird er besser daran tun, seinen Wunsch irgendwann einmal zur Sprache zu bringen. Würde er, ohne zu reden – gegen die Erwartung der Frau –, sein Bedürfnis durchsetzen, könnte es großen Ärger geben. Schon eine kleine Abweichung zwingt zum Wort.

Hat einer der beiden ein völlig anderes, von der Norm abweichendes Bedürfnis, wird ein Gespräch über dieses Bedürfnis geradezu zum notwendigen Bestandteil der sexuellen Handlung. Nehmen wir an, die Frau möchte gefesselt werden, um auf diese Weise ihr Gefühl von Ausgeliefertsein und Ohnmacht zu steigern. Oder aber sie selbst möchte den Mann fesseln und mit seinem wehrlosen Körper spielen. In solch einem Fall müßte sie den Mann schon im Vorfeld der sexuellen Handlung in ihre Bedürfnisse einweihen. Doch wie tut sie das? Wie geht sie vor, wenn sie damit rechnen muß, daß der Mann von ihren Begierden nichts ahnt?

Um ihn nicht zu drastisch mit dem Ungewöhnlichen zu erschrecken, wird sie ihm vielleicht ein erotisches Foto von einer gefesselten Person zeigen. Scheinbar zufällig wird dieses Bild zwischen einigen harmloseren Fotos auftauchen. Sie wird genau prüfen, wie der Mann auf das Foto, auf ihr Zeichen reagiert. Wird er einen dummen Witz machen? Wird er sich abwartend verhalten? Oder wird er seinerseits ein Zeichen geben? – Eine andere Möglichkeit besteht darin, daß die Frau ein Gespräch über Sexualität beginnt. Im Laufe dieses Gesprächs wird sie versuchen, dem Mann mitzuteilen, daß Sexualität für sie etwas anderes ist als der gewohnte Standard. Ihr Sprechen ist gefährlich, denn sie muß damit rechnen, daß der Mann nicht nur unzugänglich für ihre Grenzüberschreitung ist, sondern daß die Beziehung der beiden durch ihre Offenbarung einen tiefgreifenden Schaden nimmt.

In Elfriede Jelineks Roman *Die Klavierspielerin* wählt die Frau das Mittel des Briefes, um dem Mann ihre abweichenden Bedürfnisse mitzuteilen. Der Mann reagiert auf den Brief schockiert und naiv, allzustark ist seine Verklammerung an das Gewohnte. «Abweichung» kennt er nicht, er kann sie überhaupt nicht nachempfinden, er gesteht sich nicht einmal ein, Angst davor zu haben. Er reagiert aggressiv, und die Zuneigung zu der Frau schlägt um in Verachtung.

Der Roman *Die Klavierspielerin* hat in wenigen Jahren eine Auflage von über 200 000 Exemplaren erreicht. Offenbar interessiert sich nicht nur eine kleine Minderheit für das dargestellte Problem. Viele Menschen haben sexuelle Phantasien und Bedürfnisse, die über das Gewöhnliche hinausgehen. Dennoch sind nur wenige in der Lage, mit anderen darüber zu reden oder gar zu versuchen, diese Phantasien zu leben.

Bei dieser Angst der Menschen vor ihren eigenen Bedürfnissen kann man kaum von sexueller Freiheit sprechen. Die Macht des allgemeinen Standards tabuisiert offenbar schon das Reden über das Thema. Das Nicht-Sprechen ist fester Bestandteil sexueller Konvention. Allgemein üblich ist bekanntlich nur die Frage, ob man will, und nicht, was man will.

Abweichende Sexualität scheint in den aufgeklärten und hochtechnisierten Gesellschaften immer mehr zuzunehmen. Diese Zunahme erklärt man damit, daß die konventionelle Sexualität allgemein unterdrückt wird: Wäre die normale Sexualität für den Menschen unproblematisch, gebe es keine sogenannten Perversionen. So aufgeklärt sich diese These bemüht, Abweichung nicht zu diffamieren, so naiv bleibt sie einer Wertung verhaftet, die im gewohnten Akt etwas Natürliches sieht. Diese Wertung läßt den Gedanken nicht zu, daß in abweichenden Formen der Sexualität möglicherweise viel ursprünglichere, eigentlichere Impulse des Menschen zum Ausdruck kommen.

Indem man stets danach fragte, woher die Abweichungen kommen, verdrängte man die Frage nach der Ansozialisierung der Norm. Es gibt zum Beispiel endlose Kapitel über das Problem, ob Homosexualität sozialisiert ist oder nicht. Aber schon wer auf diese Weise fragt, bleibt ideologisch dem Glauben an das Natürliche verhaftet: Er stellt die falsche Frage. Ein Soziologe wird vielleicht als Argument anführen, daß zum Beispiel Männer, die nur von Frauen erzogen wurden, oder solche, die zumindest einen schwachen Vater hatten, viel häufiger zur Homosexualität neigen als andere. Doch was belegt solch eine Feststellung? Sie belegt erst einmal, daß das Fehlen eines starken Vaters dem Sohn mehr Möglichkeiten gibt und überhaupt einer Abweichung Raum läßt. Vielleicht ist es so, daß der «starke Vater» gar die kulturelle Funktion hat, Homosexualität und Abweichung generell zu unterdrücken. Zu diesem Schluß gelangen wir, indem wir auf den Begriff des Natürlichen verzichten. Sozialisation schafft nie Bedürfnisse und Neigungen, sondern engt ein und verwehrt. Sie zerstört Ausdrucksformen individueller, abweichender Lust. Aus dieser Zerstörung entsteht erst die geläufige Trennung zwischen hetero- und homosexuell. Kein Mensch ist von Natur aus das eine oder das andere: Jeder bringt die Möglichkeit des Homo- und Heterosexuellen mit auf die Welt und darüber hinaus viele andere unzählige Möglichkeiten. Bevor man also wissen möchte, wodurch eine Abweichung bewirkt wird, gilt es zu fragen, auf welche Weise den Menschen die Norm eingezwungen wird, und weshalb es den meisten so enorme Schwierigkeiten bereitet, ihre abweichenden Bedürfnisse zu entfalten.

Die allgemeine Macht sexueller Norm gründet ideologisch im Begriff des Natürlichen. Der verbreitete Akt zwischen Mann und Frau gilt für die meisten Menschen – auch, wenn sie längst eine Distanz zur Norm haben – als naturgegeben. Wie vorsichtig wir mit dem Begriff des Natürlichen sein sollten, wird sichtbar, wenn wir feststellen, was noch vor hundert Jahren als natürlich galt. Damals wäre es ein Verbrechen gewesen, wenn eine Frau Hosen angezogen hätte. Solch eine Frau wäre als unnatürlich und – sofern man um den Begriff gewußt hätte – als pervers bezeichnet worden. Aber der Frau war nicht nur verboten, eine Hose anzuziehen. Die Reglementierungen der damaligen Zeit griffen noch tiefer, für uns heute unvorstellbar, durften Frauen aus bürgerlichem Hause nicht einmal das Wort Hose aussprechen, so sehr galt es als sexualisiert. Wenn eine Frau nun gar nicht umhinkam, den Gegenstand einer Männerhose benennen zu müssen, nannte sie ihn «Beinkleid» oder benutzte die eigens erfundene, ausweichende Bezeichnung «die Unaussprechlichen».

Wir belächeln jene Menschen mitleidig, die sich um die Jahrhundertwende oder noch in den fünfziger Jahren so schwertaten, sexuelle Konventionen zu überwinden oder überhaupt über Sexualität zu reden. Aus unserer Sicht erscheinen diese Menschen gehemmt. Aber wir haben die sexuelle Freiheit nicht gepachtet. Eines Tages werden zukünftige Generationen auch über uns lachen. Und sie werden allen Grund dazu haben, denn wir fallen insofern noch hinter die Menschen der Jahrhundertwende zurück, als wir nämlich kaum noch um unsere sexuellen Konventionen, um unsere kollektiven Hemmungen wissen. Freizügigkeit gilt heute als verordnet, obwohl unsere Sexualität nach wie vor durch Tabus bestimmt ist. Die modernen Tabus scheinen so weit zu gehen, daß viele Menschen sogar tabuisieren, daß es Tabus gibt.

Vor hundert Jahren konnte über Sexualität entweder überhaupt nicht oder nur metaphorisch gesprochen werden. Schon das Bekenntnis, es aus Lust zu tun, galt als sittenwidrig. Für uns heute ist dagegen ein Allgemeinwissen über Sexualität zur gesellschaftlichen Pflicht geworden. Wir sollen wissen, was wir tun, und je aufgeklärter wir sind, desto wichtiger wird für uns, möglichst nicht zu verdrängen. Doch die wachsende Benennbarkeit des Sexuellen hat nicht dazu geführt, abweichende Bedürfnisse als gleichwertig zu kultivieren. Ganz im Gegenteil: Sexualität wurde auf diese Weise mit bestimmten Werten, Idealen und neuen Verhaltensmaßregeln angereichert.

Die moderne Möglichkeit, das Sexuelle zu benennen, trennt noch stärker in normal und unnormal. Allgemein und öffentlich benennbar sind jene Bereiche, die als selbstverständlich und natürlich gelten, die also der zielorientierten Sexualität entsprechen, während man sich zu den abweichenden Bedürfnissen kaum ohne weiteres bekennen kann. Diese Unterteilung führt oft dazu, daß Menschen glauben, ihre sexuellen Bedürfnisse würden sich in jenem Bereich erschöpfen, den sie benennen können. Da sie für ihre abweichenden Bedürfnisse keine Sprache gefunden haben oder sich gar nicht erst trauen, eine Sprache zu suchen, werden sie auf die Norm zurückgeworfen.

Der Sinn dieser Verengung auf das Benennbare und öffentlich

Benannte besteht darin, den gewohnten Akt zur einzig bedeutsamen sexuellen Handlung zu erheben.

Wer sich für natürlich hält, wird auch leicht an eine sexuelle Freizügigkeit glauben. Die scheinbare Offenheit erweist sich als zunehmende Reduzierung der Bedürfnisse auf das allgemein Sagbare. Früher konnte im Grunde kein Jugendlicher mit den Eltern über seine Sexualität reden. Wenn er Phantasien hatte, mußte er seine Zimmertür verriegeln, um mit seinem Geheimnis für sich zu bleiben. Dieses Mit-sich-selbst-Sein konnte die Imagination beflügeln und das Eigene fördern. In den sechziger Jahren wurde dieses Geheimnis als schädlich gedeutet, gar als Ursache für Neurosen. Die mit der sogenannten sexuellen Befreiung einsetzende Verachtung des Geheimnisses erwies sich im Grunde als Versuch, das Ungewöhnliche, Phantasievolle und Unangepaßte zu bannen. So human der Anspruch ist, das Kind oder den Jugendlichen mit seinen sexuellen Problemen nicht allein zu lassen, so tief verbirgt sich hinter dieser aufgeklärten elterlichen Fürsorge auch der Versuch, einst Unerkanntes erkennbar und regulierbar zu machen. Indem die Eltern früherer Generationen gar nicht wußten, daß Kinder überhaupt eine Sexualität haben, ermöglichten sie es den Kindern, sich in ihren sexuellen Bedürfnissen noch weitgehend unentdeckt zu fühlen. In den sechziger Jahren begann jedoch eine Phase der Einmischung – von Eltern in die kindliche, und von der Gesellschaft allgemein in die erwachsene Sexualität. Sexualität sollte fortan gut und wahr sein. Der Akt der Penetration wurde als gesund und vollkommen natürlich interpretiert, in bestimmten Kreisen sogar als subversiv und revolutionär. Als seien die Menschen erst jetzt in der Lage, zu dem, was sie seit ihrem Beginn praktizierten, auch zu stehen. Der Bereich des Sexuellen stellte sich als immer handhabbarer dar, und es entstand eine therapeutische Diskussion darüber, wie der für natürlich befundene Akt zu vollziehen sei.

Unter dem Deckmantel der Enttabuisierung wurden jedoch immer mehr sexuelle Handlungen erst recht tabuisiert. Dabei handelt es sich oft nicht nur um radikale Umgangsformen kleiner Minderheiten, sondern durchaus um weit verbreitete Bedürfnisse, die allgemein als harmlos gelten. Viele Männer haben zum Beispiel das Bedürfnis zu schauen. Sie möchten gerne eine Frau nackt oder auch erotisch bekleidet anschauen und würden dies oft mit größerer Intensität empfinden als den gewöhnlichen Geschlechtsakt. Nun könnte man meinen: Schauen ist doch einfach. Das ist es aber offensichtlich nicht. Schauen ist nicht selbstverständlich wie der Geschlechtsakt, weil es ziellos ist. Ein schaufreudiger Mann möchte ja nicht, daß sich die Frau einfach nur nackt auszieht und gelangweilt sagt: «So, und jetzt schau!», er will auch nicht, daß sie sich auf eine wohlbekannte Weise zurechtmacht und damit die Comic-Bilder von Sex-Shows kopiert.

Allgemein gilt das Schauen nicht als vollwertige Sexualität. Unter dem Diktat der zielorientierten Norm wird es als eine minderwertige Form sexueller Betätigung belächelt. Der Schauende – sofern er seine Leidenschaft nicht als Vorspiel zum Akt entwertet – gilt als gehemmt. Man sagt ihm nach, er würde den allzunahen Kontakt meiden, auf Distanz bleiben, er hätte Angst vor Berührung und Verschmelzung. Als Spanner wird er pathologisiert oder psychoanalytisch als Voyeur des Infantilismus bezichtigt. Kein Wunder, daß viele Männer ihr bloßes Schaubedürfnis in enttäuschenden Filmen und Peep-Shows oder heimlich oder gar unter der Legitimation des Ästhetischen – halbherzig – zu befriedigen suchen. Würden sie ihr harmloses Begehren in der Beziehung zu einer Frau leben und auf den Akt weitgehend verzichten, würde sich vermutlich das ungute Gefühl einschleichen, daß etwas fehlt.

Erotisches Schauen gilt allgemein als Teil eines Vorspiels; das heißt auch: als Zeichen zur Bereitschaft, als Zeichen eines weitergehenden Dranges. Wenn zum Beispiel ein Mann auf einer sommerlichen Liegewiese eine ihm fremde Frau anschaut, dann wird die Frau dies in der Regel als Aufdringlichkeit auffassen, vor allem, wenn der Mann mit der Gier seiner Blicke bereits auf das Endziel verweist. Eine erotische Spannung ist in dieser Situation nur möglich, wenn offensichtlich ist, daß das Schauen flüchtig bleibt und keinem Ziel dient. Wenn zum Beispiel eine Frau auf derselben Liegewiese das Bedürfnis hat, einem auf dem Bauch liegenden Mann den Rücken einzucremen, dann wird dieses Begehren nur schwer umzusetzen sein: selbst wenn auch der Mann die Phantasie hat, von der Frau auf diese Weise berührt zu werden. Der erotische Kontakt ist deshalb so gut wie unmöglich, weil das bloße Eincremen bereits einen zu deutlichen Zeichencharakter besitzt. Die Frau müßte befürchten, daß der Mann nach der kurzen Begegnung «mehr» erwartet und auf eine weitergehende Bereitschaft ihrerseits schließt. Weil auf diese Weise harmlose Bedürfnisse schon im Zeichen des einen stehen, sind sie kaum zu verwirklichen. Die zielgerichtete Norm erstickt einen erotischen Umgang im Alltag. Wer heute eine harmlose Lust am Schauen leben möchte, wer – unabhängig davon, ob Mann oder Frau – das Schauen zum Eigenwert macht, muß eigene Vorgaben oder Regeln finden, um jeder Funktionalisierung der Atmosphäre auszuweichen.

Wenn ein Mensch behauptet, daß ihm das bloße Schauen oder Angeschaut-Werden mehr Lust bereitet als der gewöhnliche Akt, dann muß er damit rechnen, daß man ihn für gehemmt hält. Der Begriff der sexuellen Hemmung ist ein Produkt bestimmter Wertungen und Ansprüche. Er ist kaum geeignet, Menschen früherer Jahrhunderte oder anderer Kulturen zu beschreiben. Vor hundert Jahren wurden Verhaltensweisen, die wir heute gehemmt nennen, durch Konventionen erzwungen. Ein großes Maß an Hemmung war damals erforderlich, um sozialen Normen zu genügen. Hemmung wird erst dann zum offen diskutierten Problem, wenn eine Gesellschaft bestimmte Normen und Verhaltensmuster schafft, denen viele Menschen nicht mehr gerecht werden.

Man nennt einen Menschen gehemmt, wenn er bestimmte Handlungen nicht vollzieht, obwohl er ein Bedürfnis danach hat und obwohl der Befriedigung dieses Bedürfnisses kein äußeres Hindernis im Weg steht. Es gibt keine Hemmung ohne eine Vorstellung von Bedürfnis. Das Problematische des Begriffs Hemmung besteht darin, daß kein Mensch ausschließlich seine eigenen Bedürfnisse verkörpert, Bedürfnisse sind auch ansozialisiert und erlernt. Was vordergründig Hemmung genannt wird, entsteht oft dadurch, daß ein Mensch mit den von ihm erwarteten Bedürfnissen nicht einverstanden ist, weil er sich selbst darin gar nicht wiedererkennt. Offensichtlich, daß er sich zurückhält, wenn es um Befriedigung von Bedürfnissen geht, die für ihn gar keine sind. Eine Hemmung kann auch ein unbewußter Protest gegen Konventionen sein. Vielleicht ist so manchem Gehemmten das konventionelle Sexualziel zuwider, vielleicht wäre er überhaupt nicht gehemmt, wenn er eine spielerische Sexualität leben könnte, die den Weg stilisiert und nicht das Ziel. Da der Weg ohne Ziel jedoch in der allgemeinen sexuellen Ordnung nicht vorgesehen ist, fällt es ihm schwer, den ziellosen Weg zu legitimieren.

Die meisten Menschen scheinen jedoch nicht deshalb gehemmt zu sein, weil sie abweichende Bedürfnisse haben, sondern weil sie im Grunde nur die Konvention erfüllen wollen. Oft träumen sie von geläufigen Bildern und wollen Sexualität so erleben, wie sie es aus Zeitschriften und Filmen kennen, oder wie sie es den Erzählungen der anderen entnehmen. Die konventionellen sexuellen Ideale sind jedoch so gestaltet, daß kaum jemand das Gefühl hat, ihnen gerecht zu werden. Daher erklärt sich die häufig anzutreffende Ansicht, daß immer die anderen auf irgendeine Weise attraktiver sind als man selbst und auch viel mehr Sex erleben. So gilt ein Mann als attraktiv, der mit Leichtigkeit eine Frau anspricht, und von dem man sagt, er könnte jeden Abend eine andere abschleppen. Offenbar ist die Menge wichtig.

Ein Mann, der Probleme hat, eine Frau anzusprechen, gilt als gehemmt – ebenso wie eine Frau, die auf die männliche Aktivität nicht anspricht. In beiden Fällen können verdrängte abweichende Bedürfnisse Grund für das Verhalten sein. Der Begriff Hemmung ist meist so fest an eine Vorstellung von richtigem oder natürlichem Verhalten gebunden, daß diejenigen, die man der Hemmung bezichtigt, oft selbst daran glauben, gehemmt zu sein. Sie bleiben dem allgemeinen Wertekanon verhaftet und verdrängen damit erst recht die individuellen Bedürfnisse, die doch die Hemmung auslösten. Zu stark ist ihr Anpassungswunsch: so sein zu wollen wie die anderen. Das Eigene, das Abweichende wird nur noch als Last empfunden.

Der verbreitete Begriff der Hemmung ist ein ideologisches Druckmittel, eine Waffe der Herde gegen die schwarzen Schafe. Die Herde braucht nichts zu begründen, sie hält sich für natürlich. Als natürlich gilt allgemein nicht die Lust als solche, sondern immer nur jene Lust, die an eine bestimmte Handlung geknüpft ist. Fesseln oder Knebeln, Zur-Schau-Stellen ausgelieferter Personen, das gilt allgemein nicht als natürlich. Auch Homosexualität oder Onanie wird man im allgemeinen Sprachgebrauch kaum natürlich nennen.

Können wir sagen, daß es in der Natur des Menschen liegt, sich fortzupflanzen? – Durch die Fortpflanzung wird die Natur des Menschen gewiß nicht bestimmt, denn stets besteht Natur auch darin, sich nicht fortzupflanzen, also die Art auszulöschen. Immerhin gehen alle Arten irgendwann unter, und vielleicht ist der Mensch die erste Art, die von ihrem bevorstehenden Untergang im voraus weiß. Beide Elemente, Fortpflanzung und Auslöschung der Art, können wir als gleichberechtigte Bestandteile einer Natur gelten lassen. Sobald man glaubt, ein bestimmtes Wissen über Natur zu haben, wird Natur zur definierbaren Größe und entfernt sich davon, übergeordnet und unerklärbar zu sein. Natur wird zum Begriff, indem der moderne Mensch selbst bestimmt, was Natur ist. Auf Sexualität übertragen heißt das: Der Mensch definiert, was «natürliche Sexualität» ist.

Abgesehen davon, daß wir in der Tat gar nichts über eine übergeordnete Natur wissen, ist nicht einmal klar, ob wir uns generell in ihrem Sinne verhalten sollten. Selbst wenn wir «die Natur» erkannt hätten, könnte immer noch die Möglichkeit bestehen, daß es für den Menschen besser wäre, sich nicht in ihrem Sinne, sondern gegen sie zu verhalten. Wer also ein natürliches Verhalten als positiven Wertmaßstab setzt, interpretiert Natur als gut. Diese moralische Wertung ist ein Folgebegriff des christlich Guten, das dem aufgeklärten Geist nicht mehr genug Legitimation liefert. Wie einst die Übereinstimmung mit christlichen Grundsätzen, so dient heute das Natürliche dazu, eine Handlung zu vollziehen, ohne selbst für sie verantwortlich sein zu müssen. Der Eigenverantwortung entkommt man am besten dadurch, daß man auf den allgemeinen Charakter des Bedürfnisses verweist: Was alle tun, kann nicht Sünde sein.

Abweichung von der sexuellen Norm kann nur gewagt werden, wenn man sich über den Legitimationszwang hinwegsetzt. Je stärker eine sexuelle Handlung von gewohnten Standards abweicht, desto schwieriger wird die Legitimation durch das Natürliche, desto zwingender wird die Notwendigkeit, das Bedürfnis als individuell zu bejahen und die gegebenenfalls völlig alleine dazustehen.

Wenn heute ein Mann und eine Frau ein Gespür für ihre abweichenden Bedürfnisse haben und einen intensiven Abend zusammen verbringen, dann verkommt der anschließende Übergang zum gewohnten Akt leicht zum Rückfall in ein bekanntes Schema. Was als Krönung eines anregenden Zusammenseins gedacht war, nimmt zwanghafte Züge an. Zwischen der individuell empfundenen, im Laufe des Abends gesteigerten Spannung und dem Raster der Gewohnheit liegt eine tiefe Kluft.

Daß viele Menschen ihre abweichenden Bedürfnisse kaum leben können, liegt zunächst daran, daß sie sich nicht trauen, das Abweichende mitzuteilen. In bezug auf ihre sexuellen Bedürfnisse sind die meisten Menschen offenbar noch weit davon entfernt, Ich zu sagen. Viele haben nicht den Mut, ihre eigensten Phantasien und Bilder an sich heranzulassen; zu mächtig sind die verordneten Bilder, die vorgeben, der menschlichen Natur zu entsprechen. Spätestens in der Pubertät werden sie den Menschen eingeimpft, unabhängig von den individuellen Bedürfnissen. Je stärker sich Werbung und Psychologie an der Verbreitung gängiger Bilder beteiligen, desto schwieriger wird es für den einzelnen, sich von diesen ihm fremden, sexuellen Bildern noch erregen zu lassen. Die Macht dieser Bilder erschwert die Berufung auf individuelle Bedürfnisse, die Angst vor sexueller Isolation treibt die Menschen auf die eingefahrenen Gleise der Gewohnheit, die Angst, alleine dazustehen, führt zu einem gestörten Verhältnis gegenüber radikalen und lustvollen sexuellen Phantasien.

Die Bilder dieser Phantasien sind weder zärtlich noch sozial. Die Inhalte entsprechen nicht den gesellschaftlichen Wertvorstellungen. Sie gelten als moralisch verwerflich. Wer restlos ausgeliefert sein möchte, um die lustvolle Ohnmacht zu steigern, oder wer einen anderen als wehrloses Objekt begehrt, wer sich nach dem Zustand sehnt, in dem Lust und Angst nicht mehr voneinander zu unterscheiden sind, der wird seine Lust nicht mehr als blinden Trieb und bilderlosen Drang empfinden, sondern als ein bewußtes Bedürfnis, das es zu gestalten gilt.

Lust und Angst

Ein Zitat aus einem durchaus liberalen Zeitungsartikel über Homosexualität: «Es ist generell für jeden Heterosexuellen schwer, die Gefühle eines Schwulen nachzuempfinden; aber es kommt darauf an, tolerant zu sein.» Interessant ist, mit welcher Selbstverständlichkeit der Autor davon ausgeht, daß sexuell abweichende Bedürfnisse von «Normalen» nie wirklich verstanden werden können. Wenn viele Menschen schon Probleme haben, fremde Ansichten und Meinungen nachzuvollziehen, muß es ihnen erst recht unmöglich sein, fremd erscheinende Gefühle und Neigungen nachzuempfinden. Diese Unfähigkeit führt bekanntlich zu den verbreiteten Ressentiments gegenüber Minderheiten jeglicher Art. Warum aber werden die sogenannten abweichenden Bedürfnisse, insbesondere im Bereich der Sexualität, so schwer akzeptiert?

Einen Zugang zu den abweichenden Bedürfnissen anderer Menschen kann nur derjenige haben, der den Mut aufbringt, sein eigenes Anders-Sein zu beachten. Nur wenn sich jemand traut, mit Wert- und Moralvorstellungen in Konflikt zu geraten, sie als etwas Relatives zu sehen, kann er oder sie die fremd erscheinenden Gefühle ebenso nachvollziehen wie die tradierten Muster. Nur wer das Eigene seiner Gefühle spürt wird erkennen, daß es die Übereinkunft der Menschen etwa in den sexuellen Bedürfnissen gar nicht gibt, daß im Grunde jeder Mensch eigene Begierden und Phantasien hat. Die Bedürfnisse eines Homosexuellen gelten als so schwer verständlich, weil es generell schwierig ist, die sexuellen Bedürfnisse einer anderen Person nachzuempfinden.

Ein Mensch, der seine Lust nur uneigentlich wahrnimmt, wird sie nicht als Individuelles spüren: Er geht davon aus, daß alle Menschen mehr oder weniger dieselben sexuellen Bedürfnisse haben und wird versuchen, sich den allgemeinen sexuellen Erwartungen anzupassen. Wie er in vielen anderen Lebensbereichen gewohnt ist, Normen zu gehorchen, sind auch seine sexuellen Bedürfnisse stets im Blick auf «die anderen» entstanden. Er hinterfragt seine Bedürfnisse nicht, weil er in der Regel die Erfahrung macht, daß sie sich mit denen anderer Menschen treffen. Die unausgesprochene, vordergründige Übereinkunft zweier Menschen in ihren sexuellen Bedürfnissen erklärt sich jedoch nicht aus der vermeintlichen Natürlichkeit, sondern aus der beiderseitigen Anpassung an dieselben Muster.

Je eigentlicher jedoch die Lust erfahren wird, desto tiefer dringt der einzelne in Bedürfnisse und Phantasien vor, die er als «individuell» wahrnimmt. Es wird immer schwieriger, andere Menschen zu finden, deren Bedürfnisse sich mit den seinen decken. Der Kern dieser individuellen Lust ist jener Punkt, an dem uns das Gefühl vermittelt wird, völlig allein, jenseits aller Sozialisation zu sein. Je intensiver wir auf unsere sexuellen Phantasien und Bedürfnisse achten, je genauer wir wahrnehmen, was uns erregt, desto klarer spüren wir, daß wir diese ganz speziellen Bedürfnisse wahrscheinlich mit keinem anderen Menschen teilen. Allenfalls werden wir Menschen mit ähnlichen oder vergleichbaren Bedürfnissen kennenlernen. Da der Weg zu einer eigentlichen Lust auf radikale Weise den Halt der Konvention aufgibt, ist er für die meisten Menschen problematisch.

Wir kennen die Erfahrung, daß wir mit einem anderen Menschen einen intensiven Abend voller erotischer Spannung verbracht haben, und nun empfinden wir den Übergang zu dem, was «allgemein erwartet» wird, als uneigentlich. Intensive Lust wird stets versuchen, einer Nachahmung oder Wiederholung zu entsagen. Wer die Intensität halten will, wird der Maxime folgen: «Alles ist erlaubt – nur keine Banalität!»

Die vielleicht älteste Aussage eines Philosophen zum Thema ist etwa 2500 Jahre alt. Heraklit schreibt: «Für die Seelen ist es Lust oder Tod, feucht zu werden.» Das Feuer der Seele verlangt nach Wasser. Es will ausgelöscht werden. Es sucht die Lust und den Tod. Heraklit ist vorbegrifflich und vorrational, er beschreibt ein Verhältnis zwischen Seele, Lust, Tod und Feuchtigkeit. Für ihn ist Lust untrennbar mit Tod verbunden und bestimmt den Menschen in seinem gesamten Weltbezug. Heraklit kennt noch keinen Gegensatz zwischen Leib und Seele, zwischen Lust und Vernunft.

Erst im moderneren, rationaler werdenden Denken ergeht die Weisung, nicht das lustvoll-bedrohliche, sondern das vernünftige Zusammenleben der Menschen in den Mittelpunkt zu rücken. Die Entwertung der Frage nach Lust steht im Zusammenhang mit einer immer selbstverständlicheren Gleichsetzung von sexueller Lust und definiertem Geschlechtsakt. Erst mit dieser Verknüpfung kann der Eindruck entstehen, die Frage nach der Lust sei endgültig beantwortet. Doch wie so oft in der Geistesgeschichte zeigt die vorschnelle Klärung einer Frage nur, daß hier eine Furcht vor einem tieferen Fragen vorliegen muß. Während Heraklit Lust und Tod noch als Einheit denkt, versucht die rationalistische Aufklärung, das Existentielle zugunsten des Veränderbaren zu opfern. Lust und Leid werden zunehmend gesellschaftlich gedeutet, das Individuelle, das Eigentliche daran wird vergessen.

Anfang des 19. Jahrhunderts wendet sich Schopenhauer wieder der Frage nach Lust und Leid zu: Der Mensch ist für Schopenhauer – wie alles andere in dieser Welt – von einem allumfassenden Trieb geprägt, den er Wille nennt. Wille äußert sich im Menschen als Wille zum Leben, das heißt als Wille zur Selbst- und Arterhaltung. Nicht in Bewußtsein und Vernunft sieht Schopenhauer das Wesen des Menschen, sondern im Willen. Das Bewußtsein ist nur bloße Oberfläche, ausführendes Organ tieferer Impulse.

Doch der Trieb, der Wille, bereitet nicht nur Lust. Er ist gleichermaßen für das Leid des Menschen verantwortlich. Während der Wille unendlich ist und immer nach «mehr» verlangt, ist die Befriedigung stets begrenzt. Den Trieben und Wünschen unterworfen, wird der Mensch – so Schopenhauer – nie Glück und Ruhe finden. Jede befriedigte Begierde schafft neue Bedürfnisse, so wie auch jede Verstandeserkenntnis neue Fragen freilegt. Auf jeden Schmerz, sobald er aufgehoben, folgt neues Übel. Für Schopenhauer ist der

Schmerz der grundlegende Bezug des Menschen zur Welt: Erst im Schmerz wird sich das Leben seiner eigenen Begrenztheit, des drohenden Todes bewußt. Um dem Leiden an den unendlichen Bedürfnissen zu trotzen, empfiehlt Schopenhauer, das Streben nach Lust aufzugeben, den Teufelskreis durch Askese zu sprengen.

Freud sieht das Problem durchaus ähnlich. Auch er fordert, ungezügelter Lust keinen freien Raum zu lassen: Lust soll aufgeschoben, geformt werden. Lust-Energie – Freud nennt sie Libido – soll sich in kulturellen und wissenschaftlichen Leistungen äußern. Was bei Freud Sublimierung des Triebes heißt, ist insofern der Askese Schopenhauers verwandt, als diese wie jene auf dasselbe Problem reagiert: auf das Leiden am Trieb, auf die Unfähigkeit zu einer unendlichen Befriedigung.

Während Schopenhauer und Freud fordern, das Luststreben in kontrollierbare Bahnen zu lenken, möchte Nietzsche Lust und Leid als tiefste Empfindungen bewahren. Warnend prophezeit er die Einebnung dieser Gefühle beim modernen Menschen, dessen letzte Energien nur noch darauf zielen, intensive Erfahrungen aus seinem Leben zu verbannen. Unter dem Einfluß einer gleichermaßen lust- und leidverachtenden, platonistisch-christlichen Kultur habe der Mensch immer mehr verlernt, tiefe Empfindungen überhaupt ertragen zu können. Insofern sei es – so Nietzsche – unsere Aufgabe, zu Lust und Leid zurückzukehren, sich auf Angst und Schmerz einzulassen und somit auch die Lust zu gewinnen.

Wenn wir Angst und Lust im Zusammenhang hören, denken wir allzuleicht an Gegensätze. Die verbreitete Psychologie kennt Angst nur als Hemmnis und Qual, sie möchte Angst abbauen und wegtherapieren. Etwas angstfrei zu tun, gilt in dieser Sicht als wesentliches therapeutisches Ziel, der angstfreie Mensch ist ein modernes Ideal. In der Regel ist jedoch Angstfreiheit nur ein anderer Name für Anpassung an Konvention. Nur was die Menschen durchschauen oder zu durchschauen glauben, kann ihnen Angst nehmen. Durchschaubar ist stets das Bekannte und Allgemeine. In der Angst vor der Angst versucht man, sich von sich selbst, von seinen eigentlichen

Gefühlen und Bedürfnissen, abzulenken, sucht Schutz in der «Normalität» der eigenen Handlungen. Bekanntlich haben viele Menschen Angst vor den eigenen sexuellen Phantasien und Bedürfnissen, bis ihnen therapeutisch vermittelt wird, wie «normal» diese Phantasien sind. So schwierig es für viele ist, einen Zugang zu fremd erscheinenden Bedürfnissen eines anderen zu finden, so problematisch ist es wohl auch, das Unkonventionelle im eigenen Begehren zu akzeptieren. Die Forderung nach Angstfreiheit läßt einer Kultivierung der Angst keinen Raum. Das gilt insbesondere für jegliche Angst, die mit Sexualität zu tun hat. Wilhelm Reich spricht von einer «Angst vor der Lust». Der Mensch müsse seine Angst überwinden, um sich der sexuellen Lust – in Reichs Sinne: der Lust am Akt – zu öffnen. Von Orgasmusangst ist die Rede. In dieser Ansicht erkennen sich viele Menschen wieder. Sie haben Probleme, sich einem anderen hinzugeben, sie nehmen sich als ängstlich und gehemmt wahr. Sie fürchten, ihre Beherrschung im Zustand der Ekstase zu verlieren. Diese Angst ist nicht nur ein Resultat von Kindheit und Erziehung, sie entsteht mit der Verinnerlichung bestimmter sexueller Ansprüche. Erst gesellschaftlicher Zwang führt dazu, die Lust in Handlungen auszuleben, denen man möglicherweise gar nichts Lustvolles abgewinnt. Wenn man sich dort einer Ekstase hingeben soll, wo man gar keine ekstatische Lust empfindet, dann sollte man nicht von «Angst vor der Lust» sprechen. Vielmehr geht es um eine Abwehr vom Lustzwang.

Ein moderner Anspruch besteht darin, die Lust möglichst leicht und locker zu leben. Wieder hat Angst in der Lust nichts zu suchen, sie wird als lusthemmend und nicht als luststeigernd verstanden. Sexualität soll – durch Festschreibung auf eine bestimmte Handlung – angstlos gemacht werden. Wer jedoch die Angst beseitigen möchte, wer das Unberechenbare rationalisiert, glättet die Intensität zugunsten eines einzuhaltenden technischen Ablaufes. Da viele Menschen in ihrer Verunsicherung nach Glättung suchen, geht es in der therapeutischen Praxis meist darum, einem verängstigten Menschen Verhaltensregeln und Ansichten zu vermitteln, die ihm den Zugang zur sexuellen Norm erleichtern. Doch mit der bloßen Einhaltung von Konventionen werden wir uns, je individueller wir unsere Bedürfnisse wahrnehmen, kaum zufrieden geben, vor allem dann nicht, wenn wir spüren, daß sexuelles Erleben vor allem durch Grenzüberschreitung seine Intensität steigert.

Je intensiver Lust erfahren wird, desto weniger leicht und lokker, desto weniger bequem ist sie. Je intensiver die Lust ist, desto klarer spüren wir, daß es ohne Bedrohung gar keine Lust gibt, desto unklarer wird uns, ob unser bewußtes Wollen sie überhaupt erstrebt. Erst in der Bedrohung wird ein lebendiges Wesen zum Äußersten gebracht. Deshalb geschieht die äußerste Ekstase niemals nur freiwillig. Der moderne Mensch ist jedoch so einseitig darauf programmiert, Bedrohungen schon im Vorfeld auszuweichen, daß er bereits den bloßen Gedanken daran als unlustvoll und lähmend empfindet. Bedrohung wird nicht als Herausforderung und Stimulans erfahren, sondern als lästige Hemmung. Damit wird jene intensive Lust verdrängt, die erst durch die Bedrohung gesteigert wird.

Das gängige Muster und Ideal einer angstfreien Praktik ist der gleichberechtigte heterosexuelle Geschlechtsakt. Wem diese Art der Ehehygiene zu langweilig ist, der wird vielleicht versuchen, sexuelle Lust von ihrer Fixierung auf das konventionelle Ziel zu befreien. Da das gewohnte Ziel ein vorgeformtes Muster gegen Unsicherheit ist, wird schon auf diese Weise eine Verunsicherung an die Lust herangelassen. Wer noch ein Stück weitergeht, wird die Lust durch Verunsicherung, Bedrohung und Angst steigern. Das klingt exotischer als es ist, denn viele Menschen tun dies instinktiv, ohne darüber nachzudenken. Wir kennen es von einem besonders intensiven, emotionalen Zusammensein, daß sich die beiden Beteiligten keine Sicherheit geben. Nur in einer geglätteten Beziehung wird man sich schon im voraus auf alles mögliche einigen können, wird das tun, was man geplant hat, und wird das Gefühl entwickeln, sich auf den anderen verlassen zu können. Solange aber ein Kontakt hochintensiv ist, verbietet sich alles Planbare, weil es jede intensive Empfindung auszeichnet, nicht abrufbar und nicht kompromißfähig zu sein. Wenn sich zwei Menschen zu einem spannungsvollen Treffen verabreden, dann ist die erregende Erwartung niemals frei von Bedrohung und Angst. Nicht etwa, weil man befürchtet, eine zu hohe Erwartung zu haben (diese Angst wäre in der Tat lähmend), sondern weil man nicht weiß, wohin das eigene Empfinden und Begehren getrieben, wie weit man vom anderen gebracht wird.

Schon wenn sich zwei Menschen kennenlernen, ist die Situation durch Verunsicherung geprägt: Alles Neue macht angst, sofern es nicht sogleich als etwas Bekanntes und längst Durchschautes gedeutet wird. Diese Angst vor dem Neuen kann viele Menschen lähmen, überhaupt intensive Kontakte zu anderen zuzulassen, sie kann zugleich die Lust – insbesondere die sexuelle Lust – steigern. Insgeheim wissen die meisten Menschen, daß der Zustand völliger Absicherung nur eine allzu mäßige Lust erlaubt, so daß sie nicht selten – ohne bewußte Absicht – die Verunsicherung provozieren. Sobald jedoch ihr Verstand einsetzt, gerät der sexuelle Drang in Konflikt mit einer auf Sicherheit gepolten Rationalität. Ist das lustvolle Verlangen nach Verunsicherung jedoch bewußt, werden Bedrohung, möglicherweise auch Zwang und Gewalt als Bilder individueller sexueller Phantasie zugelassen.

Wer sich auf die Lust an der Angst einläßt, muß ein tiefes Gespür für den Unterschied zwischen lähmender und luststeigernder Bedrohung haben – eine Differenz, die in der pauschalen Entwertung der Bedrohung verwischt wird. Die meisten Frauen wissen, daß die Phantasie einer Vergewaltigung lustvoll sein kann, aber daß sie das Phantasierte niemals in der Realität erleben möchten. Die Lust an der Angst, die Bejahung der Angst ist nur im Spiel möglich. Ein Mut zur Angst ist gefordert, eine «Vorneigung» – wie Nietzsche sagt – «für das Harte, Schauerliche, Böse, Problematische des Daseins, aus Wohlsein, aus Fülle des Daseins». Wer intensiv empfindet, ist ausgeliefert. Tief von etwas berührt zu sein, bedeutet auch immer nicht anders zu können. Der Orgasmuszwang im gewöhnlichen Geschlechtsakt ist ein ungeeignetes Mittel, um zur wirklichen Ekstase zu gelangen. Indem er zur Lust verpflichtet, zerstört er die Uneindeutigkeit, die jede Lust steigert.

Daß Angst und Lust in unserem Empfinden miteinander verknüpft sind, hat gewiß damit zu tun, daß das Ausgeliefert-Sein eine menschliche Grundempfindung ist. Das erste Gefühl, das ein Mensch nach seiner Geburt hat, könnten wir kaum mit einem anderen Wort besser beschreiben. Das Kind empfindet sich als völlig hilflos. Es ist auf andere Menschen angewiesen, um zu überleben. Zugleich ist es den Bedürfnissen dieser anderen – vor allem der Mutter – ausgeliefert. Es wird auf den Arm genommen und hingelegt, es wird eingecremt und gepudert und an allen möglichen Körperstellen berührt. Das Ausgeliefert-Sein verbindet die Empfindungen von Angst und Lust.

Ausliefern und Ausgeliefert-Sein bestimmen die kindliche Sexualität. Je weniger sich die sexuelle Lust des Erwachsenen an die Konvention anpassen kann, desto stärker werden sich in dieser Lust Momente der kindlichen Erfahrung von Ausgeliefert-Sein wiederfinden. Sozialisation dient bekanntlich immer der Beschneidung von jenen Bedürfnissen, die als asozial gelten. Je «sozialer» in diesem Sinne die Lust reguliert wird, je stärker ein junger Mensch seine kindliche Sexualität verdrängt, desto mehr wird er sich mit der allseits erwarteten Norm anfreunden können. Vergessen wird, daß sexuelle Spannung stets durch die Polarisierung von aktiv und passiv, durch Macht und Ohnmacht, eben durch Ausliefern und Ausgeliefert-Sein gesteigert wird.

Das Moment des Ausgeliefert-Seins taucht in vielen sexuellen Phantasien auf. Dabei erfahren wir entweder eine andere Person oder uns selbst als ausgeliefert. Diese Vereinigung von Angst und Lust ist jedoch nicht gleichzusetzen mit Lust am Schmerz. Gewiß kann im Ausgeliefert-Sein auch körperlicher Schmerz erfahren werden, aber niemals steht der Schmerz an sich im Mittelpunkt. Der Schmerz – oder auch jede Art von Unterwerfung – ist nur ein Abbild des Gefühls, ausgeliefert zu sein. Ausgeliefert-Sein heißt Objekt-Sein und deshalb nicht anders können. Möglicherweise einem anderen dienen, ihn befriedigen zu müssen. Diese Verschmelzung von Angst und Lust ist in der kindlichen Sexualität selbstverständlich. Sie wird bei den meisten Menschen in der Pubertät durch Ansozialisierung einer «normalen» Sexualität zurückgedrängt. Ein Rest dieser kindlichen Lust bleibt jedoch auch bei den größten Verfechtern der Norm übrig. Die Frauen begeben sich meist in die Rolle der Ausgelieferten, während die Männer gewohnt sind, ihre Erregung durch das Gefühl der Macht zu steigern.

Die Verdrängung der prägenitalen Sexualität erfolgt bei Jungen und Mädchen auf unterschiedliche Weise. Erst indem die spielerisch-kindliche Sexualität unterdrückt wird, kann die Sozialisierung des Menschen zum Mann oder zur Frau vollendet werden. So ist der Mann in unserer Kultur gewöhnt, seine Angst zu unterdrükken und eindeutig auf sein Ziel loszugehen. Wenn er dieser Rolle verhaftet bleibt, fürchtet er nichts mehr, als selbst Objekt zu sein. Er verdrängt diese Furcht, indem er die Frau als Objekt haben will. Deshalb ist für ihn Frau gleich Objekt, damit niemals auch nur der Gedanke aufkommt, er selbst könnte es sein. Aber auch kann die in ihrer Rolle festgelegte Frau den Mann nicht als Objekt begehren und ist kaum in der Lage, die Lust ihres eigenen Objektseins zu bejahen und zu genießen. Die meisten Frauen empfinden ihre Bereitschaft zum Ausgeliefert-Sein nicht als besondere Fähigkeit, sondern als Zwang, zumal die Festschreibung einer Objektrolle die Frau sozial diskriminiert.

Die Empfindung des Ausgeliefert-Seins ist in den konventionellen Geschlechterrollen auslebbar. Der Mann hat Angst, seine sicherheitsgewohnte Rolle zu verlieren und ausgeliefert zu sein. Die Frau ist dagegen der männlichen Gewalt tatsächlich ausgeliefert und findet nur schwer zu jener nötigen Distanz, die Voraussetzung für jeden Genuß ist. Der soziale Zwang zu fixierten Rollen erschwert das Spiel zwischen Mann und Frau.

Die kulturelle Unterdrückung einer Lust am Ausgeliefert-Sein betrifft nicht nur die Sexualität, sondern jedes intensive Empfinden. Dieser Vorgang schlägt sich im Denken, in Philosophien und Religionen nieder. Durch Rationalismus und Erklärungszwang ist dieses Ur-Gefühl in den letzten Jahrhunderten immer weiter zurückgedrängt worden. Die Illusion von Naturbeherrschung sieht den Menschen im Rausch der Nüchternheit an seinen eigenen Schalthebeln.

Spätestens Nietzsche hat – in der *Geburt der Tragödie* – erkannt, daß die moderne Verdrängung von Urlust und Urschmerz nicht als Fortschritt gesehen werden muß. Nietzsche sieht in der griechischen Tragödie noch jene Einheit von Lust und Angst, die erst dem modernen, aufgeklärten Menschen abhanden kommt.

Diese Einheit von Lust und Angst – das «dionysische» Weltgefühl – zeichnet den noch nicht von Individuation geprägten Menschen (zum Beispiel in frühen Kulturen) aus. Sein Rausch ist stets etwas Kollektives und erweist sich nur im Verbund mit rituellen oder magischen Vorgaben als lebbar. Mit der allmählichen Auflösung dieser Kollektiv-Kultur wird der gemeinschaftliche Rausch als Täuschung und letztlich als moralisch verwerflich verurteilt. Wo der Wert des Kollektiven einbricht, hat das neu entdeckte Individuum auch neuen Gesetzen zu folgen. Wenn der Rausch seine soziale und magische Kraft verloren hat und nicht mehr die Kultur stabilisiert, versucht man, ihn möglichst auszumerzen.

Wenn wir den modernen Begriff der sexuellen Lust auf frühere, kollektive Kulturen übertragen, dann werden wir feststellen, daß dort Ekstase offenbar nur als rituelle Erfahrung möglich war. Über individuelle Gefühle der Menschen gab es keine Sprache, und wir können davon ausgehen, daß die Menschen ihre Gefühle auch nicht als individuell empfunden haben. Der gewöhnliche sexuelle Akt zwischen Mann und Frau war der Fortpflanzung und dem Erhalt der Gemeinschaft dienlich, hatte mit Ekstase nicht viel zu tun. Er war niemals reine Privatsache zwischen zwei Eheleuten, sondern stets soziale Notwendigkeit, etwas Selbstverständliches, ein ökonomischer Akt. Die allmähliche Diskreditierung der kollektiven Ekstase bei den späten Griechen und im Christentum geschieht im Einklang mit einer aufkeimenden Individuation der Lust, einer «Sexualisierung» des Privaten. Was im Kollektiv nicht mehr geboten werden konnte, mußte der immer individueller empfindende Mensch zunehmend privat – und das heißt heimlich, ohne klaren, sprachlichen Ausdruck – versuchen.

Erst in einer hochaufgeklärten Gesellschaft werden Mann und Frau auf die Idee kommen, die Qualität ihres sexuellen Zusammenseins nach der erlebten individuellen Lust zu bewerten und nicht mehr ausschließlich nach ökonomischen Gesichtspunkten beziehungsweise nach dem Fortpflanzungserfolg. Der einstmals kollektiv gelebte Rausch läßt sich in die bürgerliche Zweisamkeit nicht integrieren, der moderne Mensch wird von einer ständigen Ahnung begleitet, daß die realisierte Lust zuwenig ist. Begehren und Phantasien übersteigen das tatsächlich Erlebte, je individueller er sich empfindet. Die sexuellen Begierden haben keinen realen Bezug mehr zu den Möglichkeiten des bürgerlichen, auf Sicherheit zugeschnittenen Alltags.

Daß intensive Angst und Lust das gewöhnliche Dasein übersteigen, daß Intensität das Dämonische im Menschen offenlegt – dieser Gedanke löst Furcht aus, sobald es den kollektiven Kult nicht mehr gibt. Wo das Ritual fehlt, erschaudert das Ich, weil ihm die intensive Verknüpfung von Lust und Angst fremd geworden ist und doch zutiefst bewegt. Daß intensive Lust als lähmende Bedrohung empfunden wird, beschreiben zum erstenmal die Schriftsteller der späteren griechischen Antike. Immer wieder ertönt die Forderung, den Verlockungen höchster Lust möglichst aus dem Weg zu gehen. Ausufernde Lust würde nicht nur der beruflichen Karriere schaden, sondern als Sucht die gesamte Existenz zerstören.

Auch das Christentum wußte um die dämonischen Kräfte einer dionysischen Lust. Die Geschichte des Christentums ist die Geschichte eines ständigen Kampfes gegen kollektive, heidnische Begierden. Dieser Kampf wird als geistige und religiöse Herausforderung aufgefaßt. Die christliche Moral entsteht auf dem Boden einer – stets unmittelbar empfundenen – Auseinandersetzung mit einer verführerischen Wollust. Christliche Werte steigern und verengen sich unter dem Eindruck jener vernichtenden Kraft teuflischer Begierden.

Diese Lustverachtung wirkt tief bis heute. Während das vorrationalistische Christentum noch ein Wissen um Wollust hatte – im Grunde ständig an sie dachte, im festen Vorsatz, sie zu bekämpfen –, verlor das zunehmend rationalere Denken diesen Bezug. In dem festen Vorsatz, die Begierden handhaben und steuern zu können, ihre Energien in geistige, soziale Bahnen zu lenken, wurde die Einheit von Angst und Lust vergessen. Je mehr die Verachtung der Lust verinnerlicht wurde, desto weniger notwendig war es, die Lust selbst noch zu thematisieren. Das 19. Jahrhundert markiert in dieser Hinsicht eine Zuspitzung – zu dieser Zeit erreicht die Tabuisierung intensiver Lust einen Höhepunkt, während zugleich der Glaube an metaphysische Werte erschüttert ist. Und wo die traditionell verbürgte Ablenkung nicht mehr greift, bricht der Wahn aus. Die ekstatische Lust meldet sich zu Wort, sprachlos geworden, spürt sie die Geschichte ihrer Amputation.

Erst jetzt kann ein Begriff wie Sexualität entstehen. Nicht nur in der Loslösung des Aktes von der Notwendigkeit der Arterhaltung, sondern vor allem im Bewußtwerden der verlorenen Ekstase und dem Versuch, sie wiederzubeleben. Das 20. Jahrhundert vollzieht den bislang letzten Schlag gegen die aufkommende Ahnung einer Intensität, indem es die Lust zum positiven Wert macht. Scheinbar gegen alle christlich-abendländische Lustverneinung wird die Lust nunmehr als gut gedeutet. Das mag auf den ersten Blick durchaus eine Erleichterung sein, und dennoch lebt hier eine lustverachtende Tradition fort. Mit der Umwertung zum Guten wird der Lust nämlich jede exzessive Kraft genommen. Die propagierte Lust ist nicht dämonisch, sie ist nicht gefährlich und gewaltsam. In der Überzeugung, die Lust zu bejahen, wird die wirkliche Intensität der Lust selbstbewußter als zuvor verdrängt. Wir vergessen, daß das heutzutage modern Bejahte – Liebe, Zärtlichkeit, gewöhnlicher Akt – niemals wirklich verneint wurde.

Der moderne Lustbejahende wähnt sich frei von christlicher Repression. Man gibt sich locker. Man hat – wie Nietzsche sagt – «ein Lüstchen für den Tag und eines für die Nacht». Wer im Namen sexueller Freiheit von Lustbejahung redet, hat noch genug Fortschrittsoptimismus und Illusion, um sich von wirklicher Erschütterung abzulenken. Die Bejahung des Geschlechtsaktes ist nichts Neues – bejaht wurde diese Handlung immer. Neu ist die Forderung der Lust am Akt. Sie wurde geschichtlich erst möglich, als man spürte, daß der Akt gar nicht wirklich exzessiv sein kann, daß er –

auch unabhängig vom Kinderwunsch – hygienisch ist, weil er die Erfahrung des spielerischen Ausgeliefert-Seins nicht ermöglicht. Die moderne Bejahung der Lust entsteht im Gespür dafür, daß es keinen Sinn macht, den Menschen die Lust an dieser Handlung zu verwehren: weil sie diejenige Ekstase, die man ursprünglich unterbinden wollte, ohnehin im Akt nicht haben können. Je technischer Sexualität gefaßt wird, je meßbarer Erregung und Orgasmus, je definierbarer die Abläufe, desto moralischer wird auch das Sprechen über Sexualität – gegen das Exzessive. Wenn wir den lustbejahenden Menschen mit dem «lustverachtenden» Christen früherer Jahrhunderte vergleichen, die lockere unterhaltsame Lust mit der Verdammung der Lust als Teufelswerk, dann erkennen wir, daß die traditionelle Lustverachtung weitaus mehr Gespür für die Tiefe von Lust hatte. Natürlich ist Lust weder technisch noch locker, sie ist kein Räderwerk und auch kein Schmusebär. Lust ist anarchisch, dämonisch, exzessiv, kriminell und böse.

In früheren Kulturen spürten die Menschen einen göttlichen Funken in sich, indem sie – im Kult – extreme Empfindungen auslebten. Sie waren unfähig, über diese Empfindungen etwas zu sagen. Sobald das ekstatische Erleben von Reflexion und Sprache erfaßt wurde, erfuhr es eine Brechung. Ekstase wurde als Kontrollverlust gedeutet und entwertet. Wer über die Ekstase reflektiert, ist ihr nicht mehr – oder zumindest nicht mehr völlig – ausgeliefert. Das Ideal des kontrollierten Menschen deutet das Göttliche um, der dionysische Exzeß verfällt zum Tierischen, die Kühle geistiger Erkenntnis avanciert zum Neugöttlichen.

Das Exzessive überlebte jedoch trotz mönchischer Askese, rationalistischer Selbstbeherrschung und wissenschaftlicher Strenge: im Bann der unausgesprochenen Ahnung. Es überlebte in der Kunst als Erinnerung an das Dionysische, als das Unerklärbare. Es überlebte in der Religion als mystischer Rest, der sich selbst jede Artikulation verbat. Es überlebte in der Philosophie als jener Bereich, den man möglichst völlig verdrängen wollte, als das Verschwiegene und Ungedachte. Es überlebte in der Metapher, in der Scham, in der Angst des Menschen vor sich selbst. Es drängt zurück ins Leben, das sich durch zunehmende Aufklärung nur allzu durchschaut und geglättet erfährt. Was einst kollektiv als göttlicher Rausch empfunden wurde, spüren wir heute individuell als Intensität, als Eigentliches, als das Gefühl des Ausgeliefert-Seins, als Einheit von Angst und Lust.

Heute ist es verbreitet, Abhängigkeit und Ausgeliefert-Sein «gesellschaftlich» zu deuten: Der Zugang zur sexuellen Lust am Ausgeliefert-Sein und Ausliefern wird moralisch unterbunden, indem das sexuell Phantasierte oder in Szene Gesetzte als Ausdruck sozialer Machtverhältnisse interpretiert wird. Der Spielcharakter einer bewußten und sensiblen Sexualität bleibt unberücksichtigt.

Nietzsches Versuch, Angst und Lust zu reaktivieren, kann nie zu jener Unbewußtheit zurückführen, mit der die Menschen des tragisch-dionysischen Zeitalters ihre ekstatischen Kulte zelebrierten. Das lustvolle Erleben von Ausliefern und Ausgeliefert-Sein in der Sexualität ist kein unbewußtes Sich-Hineinstürzen. Um jenen Moment, in dem Angst und Lust nicht mehr unterscheidbar sind, erfahren zu können, müssen wir Sexualität kultivieren wie ein Theaterspiel.

In diesem Spiel ist das ausgelieferte Ich zugleich bedroht und erhöht. Bedroht in der individuellen Existenz, erhöht als narzißtisches Objekt, das im Mittelpunkt des Geschehens steht. So gesehen ist der Rückweg in die polymorphe, prägenitale Sexualität nicht kindlichnaiv, sondern eine überaus aufgeklärte Form sexueller Lust.

Wer Lust und Angst kultiviert, wird genau spüren, was er will. Jedoch wird offensichtlich, daß Lust nicht nur mit Wollen, sondern auch mit Brechung des Willens zu tun hat. Nicht das reine Wollen steigert die Lust, sondern die Spannung zwischen Wollen und Nicht-Wollen. Nicht selten finden wir die tiefsten Formen der Lust in jenen Phantasien, die wir nur als Phantasie oder Spiel, aber um gar keinen Preis in der Realität erfahren wollen. Nur was um gar keinen Preis geschehen darf, bringt uns zum Äußersten.

Nicht-Wollen

Ein Mensch, der kein Fleisch ißt, wird sich vehement wehren, wenn man ihn dazu zwingt, ein Steak zu verspeisen. Er wird sagen: «Ich will es nicht! Ich will es auf gar keinen Fall!» Was für andere Menschen ein Genuß sein mag, ruft in ihm Ekel hervor.

Auf ähnliche Weise kann sich ein Mensch wehren, wenn man ihn zu einer bestimmten sexuellen Handlung bewegen will. Das Motiv für diese Abwehr kann darin liegen, daß ihn die Handlung nicht erregt, sondern gleichgültig läßt oder sogar abstößt. Es ist aber auch möglich, daß es gar nicht um die Art der Handlung geht, oft ist nur zuwenig Atmosphäre da, oder es mangelt an sexueller Zuneigung zu der anderen Person, so daß es zu Abwehr oder Abweisung kommt.

Zwischen der Ablehnung des Steaks und der Nicht-Bereitschaft zu einer sexuellen Handlung besteht jedoch ein Unterschied. Was für das Essen und für andere Lebensbereiche gilt, läßt sich nur bedingt auf Sexualität übertragen. Es gibt nämlich sexuelle Bedürfnisse, bei denen man nicht eindeutig klären kann, ob man ihre Befriedigung will oder nicht will. Sexualität heißt auch immer Widerstreit von Gegensätzen. Lust steigert sich nicht durch das Gefühl der Selbstverständlichkeit, sondern durch Erschwernis und Gegenwehr. Wer der Ansicht ist, Gewöhnung und Vertrautheit seien Grundlagen sexueller Lust, der empfindet nur deshalb so, weil ihm die tiefe Lust an der Verunsicherung so viel Angst macht, daß er die Glättung vorzieht. Wenn wir jedoch Lust durch Intensivierung der Spannung zu steigern versuchen, werden wir feststellen, daß wir bald einen Punkt erreichen, an dem wir nicht mehr nur von Wollen sprechen können.

Je stärker unser sexuelles Bedürfnis das fremde Wollen provoziert, desto mehr zielt es nach Auflösung eigenen Wollens. Nicht in der Weise, daß das Erfahrene als unangenehm oder abstoßend empfunden wird, aber doch so weit, daß unser Wollen sich für eine Weile aufgibt, um sich der Verführung, dem Drang oder Zwang eines anderen hinzugeben.

Dieses Verhältnis von Wollen und Nicht-Wollen ist bisher kaum untersucht worden. Stets wurde Wollen als Grundbedingung sexueller Lust angesehen, Nicht-Wollen dagegen nur als Abweisung verstanden. Wer Nicht-Wollen im Zusammenhang mit Sexualität hört, denkt automatisch an Verneinung, Abwehr und Vergewaltigung. Der Gedanke, im Nicht-Wollen liege eine tiefe Lust, provoziert moralische Entrüstung und setzt sich dem Verdacht aus, ob so nicht die Vergewaltigung legitimiert wird. Assoziiert wird rasch das chauvinistische Axiom, Frauen würden eine Vergewaltigung wollen.

Wie moralisch das Thema «Sexualität und Gewalt» allgemein besetzt ist, beschreibt das folgende Beispiel. In einem Seminar diskutieren Studenten den Abschnitt eines Romans, in dem geschildert wird, wie ein Mann und eine Frau zusammen in einem Hotelzimmer sind. Es ist offensichtlich, daß der Mann einen starken sexuellen Drang verspürt, während der Leser über die Empfindungen und Bedürfnisse der Frau nichts erfährt. Nach dem kurzen, von Verunsicherung und Spannung geprägten Versuch eines Gesprächs packt der Mann die Frau und drückt sie zu Boden. Reflexartig gelingt es ihr, die Klingelanlage zu betätigen, um das Zimmermädchen zu rufen. An dieser Stelle endet die Szene. – In der Diskussion interessiert die Studenten vor allem die Frage, ob eine Vergewaltigung dargestellt wird oder nicht. Am Ende sind sich die meisten Studenten darin einig, daß der Autor eine Vergewaltigung schildert, fortan heißt die Szene «Vergewaltigungsszene». – Der Reiz der Romanstelle liegt darin, eine ungeklärte Situation zu beschreiben, ohne sie durch eine moralische Deutung zu glätten. Das Interesse der Studenten ist dagegen, zu einer weitgehenden Aufklärung zu gelangen. In einer Gesellschaft, in der es eine hohe Dunkelziffer an Vergewaltigung gibt, ist es ohne Frage notwendig, möglichst viele Vergewaltigungen als solche zu entlarven. Es gibt viele sexuelle Situationen, die uneindeutig sind und auch uneindeutig gewünscht werden. Die schwierige Aufgabe der Auseinandersetzung mit dem Thema von Sexualität und Gewalt liegt darin, nicht nur Vergewaltigung zu verurteilen, sondern zugleich den intensiven Reiz am Ungeklärten und Gespielten zu erhalten. Es gilt jene spielerische Formen von sexueller Bedrohung und Gewalt nicht zu verdrängen, die vom Objekt der Gewalt «gewollt» sind.

Fällt der Begriff sexuelle Gewalt, denken wir aber an die gewaltsame Aneignung eines anderen Körpers gegen dessen Willen. Das Objekt, das Opfer solch einer Gewalt, erleidet physische und psychische Schmerzen.

Lange Zeit galt die Vergewaltigung in der Ehe als unmöglich, weil sich die Frau – nach verbreiteter Ansicht – durch den Ehevertrag ohnehin dem Penetrationsdrang des Mannes unterzuordnen hatte. Nach ihrer eigenen Lust wurde kaum gefragt. Die Maßstäbe haben sich jedoch in den letzten hundert Jahren verändert: Wir sind sensibler geworden gegenüber den vielfältigsten Verknüpfungen von Sexualität und Gewalt. Das ist wichtig und notwendig. Doch diese Sensibilisierung brachte als Nebeneffekt einen Moralismus zutage, der versucht, jedes gewaltsame Moment aus dem Bereich des Sexuellen herauszusäubern. So ist die Unvereinbarkeit von Sexualität und Gewalt eine formelhafte Vorstellung, die nicht falsch, aber auch nicht richtig ist. Daß Gewalt niemals gegen den Willen eines anderen Menschen angewendet werden soll ist selbstverständlich. Die Frage, der wir hier nachgehen wollen, ist aber, inwieweit Gewalt grundsätzlich gegen den Willen bedeutet. In der notwendigen, doch vereinseitigten Fixierung auf das Lähmende und Schreckliche der Gewalt geraten die subtilen, spielerischen Formen der Gewalt aus dem Blick, die im Sexuellen wichtig sein können. Verwechselt werden häufig Inszenierungen sexueller Gewaltsamkeit mit der alltäglichen, nicht gespielten Gewalt, die sozialen Machtverhältnissen entspricht.

Viele Frauen gestehen sich ihre Vergewaltigungsphantasien ein und erfahren in diesen Phantasien ihr eigenes Wollen als gebrochen und das Nicht-Wollen als lustvoll. Daraus kann man gewiß ganz und gar nicht schließen, daß eine auf diese Weise phantasierende Frau vergewaltigt werden will. Bereits die Frage: «Will eine Frau vergewaltigt werden?» ist falsch. Wenn eine Frau eine Vergewaltigung lustvoll phantasiert, dann spielt sie. Jede Phantasie ist ein Spiel und erdenkt Idealbilder. Erst unter der absichernden Voraussetzung, daß die Vergewaltigung *nur* Phantasie ist, kann sie lustvoll sein. Niemals darf man aus einer Phantasie auf die sogenannte Realität schließen. In der Realität gibt es keine Absicherung und kein bewußtes Wollen, weil jedes bewußte Wollen schon Spiel ist. In bezug auf Sexualität geht es nicht um die Frage «Was will ich?», sondern die Frage lautet: «Was will ich spielen?»

Das Spiel mit sexueller Gewalt ist zu einem Modethema geworden, es gibt Bücher, Berichte und Bekenntnisse zum Sadomasochismus. Uns interessieren hier weniger bestimmte Techniken, Praktiken und Formen von Fetischismus, die man mit dem Begriff Sadomasochismus assoziiert, sondern wie darüber in der Öffentlichkeit diskutiert wird. Die Begriffe Sadismus und Masochismus entstanden im 19. Jahrhundert, um Krankheitsbilder zu beschreiben. Bis heute haftet ihnen nicht nur etwas Pathologisches, sondern auch der Ruch des Triebhaften an. Daß wohl jeder Mensch in irgendeiner Weise sadomasochistische Neigungen und Phantasien hat, wird bei den grellen und exotischen Beispielen in den Medien nur allzuleicht verdrängt. Von einer «Minderheit» ist die Rede.

Umgangssprachlich versteht man unter Sadismus die Lust am Quälen und unter Masochismus die Lust am Schmerz. Beide Begriffe assoziieren weniger die gespielte, sondern die reale soziale Gewalt. Bei einem Sadisten denkt man weniger an einen feinsinnigen Ästheten, sondern an einen plumpen Triebtäter. Bei einem Masochisten, vor allem bei einer Masochistin, assoziiert man den übertriebenen Hang zu Aufopferung und Hingabe. Die Begriffe Sadismus und Masochismus sind im allgemeinen Verständnis untrennbar mit sozialen Machtverhältnissen verbunden. Indem mit ihnen durchaus reale Unterdrückungs- und Unterwerfungsbeziehungen beschrie-

ben werden, gerät die Möglichkeit, daß sie spielerische Inszenierungen des Nicht-Wollens meinen, gar nicht in den Blick. So
kann eine Frau sagen, natürlich hätte sie schon «masochistische Erfahrungen» gemacht und dabei auf die Beziehung zu einem Mann
verweisen, der sie schlug und vergewaltigte. Zu massiv sind viele
Menschen mit tatsächlicher sexueller Gewalt konfrontiert, als daß
sie sich der phantasierten oder gespielten Gewalt öffnen könnten.

Die Lust am Nicht-Wollen wird in der Abwehr realer Gewalt tabuisiert, wodurch der Phantasie-Charakter der Lust unerkannt
bleibt. Was im Spiel lustvoll sein mag, kann in der Realität als abstoßend empfunden werden. Diesen feinen, aber entscheidenden Unterschied im sexuellen Umgang zu verstehen, setzt ein intensives
Einfühlungsvermögen voraus, das viele Menschen nicht entwickelt
haben. Deshalb wird die Lust am Nicht-Wollen so leicht mißver-
standen.

Nicht-Wollen heißt: Auflösung des Willens. Die Grenze zwischen
Wollen und Nicht-Wollen verläuft auf tabuisiertem Terrain und ist
von Paradoxien gekennzeichnet, weil wir uns eine Eindeutigkeit in
bezug auf Sexualität kaum vorstellen können. Mehrdeutigkeit wird
gefordert. Der Sexualpartner soll nicht bloß ein ausführendes Objekt eigener Bedürfnisse sein. Sie oder er soll selber wollen, und
nicht selten wird sogar seine Rücksichtslosigkeit gewünscht. Wollte
man den Partner nur als Marionette der eigenen Vorstellung,
könnte man problemlos umreißen, was man sexuell will: «Ich will,
daß du dich auf diese ganz bestimmte Weise ausziehst, hinkniest,
hinlegst...» Selbst wenn im sexuellen Spiel solche Anweisungen gegeben werden, wird die Erregung des Anweisenden meist durch die
immer noch ungestellten und unvorhersehbaren Reaktionen des
Objekts ausgelöst. Erwünscht ist, daß der andere nicht berechnend,
sondern instinktiv, intuitiv und triebhaft reagiert. Deshalb wird
auch die Frage «Was will ich?» unangemessen, wenn eine sexuelle
Beziehung zwischen zwei Menschen intensiv ist. Stets dient der eine
dem anderen oder der andere dem einen. Auch und gerade wer den
anderen zum Objekt macht, dient ihm.

Jeder Mensch kennt Situationen, in denen ihm nicht klar ist, ob er will oder nicht. So kennt fast jede Frau die Situation, von einem Mann zu einer gemeinsamen Nacht bedrängt zu werden und ein Nein auf den Lippen zu haben, ohne es jedoch auszusprechen. Der Grund für solch eine Uneindeutigkeit zum Beispiel kann darin liegen, daß die zweifelnde Frau den Mann nicht sehr attraktiv findet, oder daß sie einen festen Freund hat und deshalb in einem Konflikt steht. Doch das Motiv kann auch in der Lust selbst liegen, in der gleichermaßen stark empfundenen Lust und Angst, im Aufeinanderprallen von Öffnen und Abweisen. Vielleicht sollten wir unseren Anspruch, immer eindeutig zu sein, das heißt: immer eindeutig zu wissen, ob wir wollen, relativieren.

Sexuelles Erleben zeichnet sich durch eine Spannung zwischen Etwas-Wollen und Nicht-Wollen aus. Das Gefühl, etwas zu wollen, kennt jeder, es kann sich als Bedürfnis nach einer bestimmten Handlung oder Situation äußern. Dieses Wollen kann jedoch niemals die Eigenständigkeit eines anderen wollen. Wir sagen, wir wollen den anderen so, wie er ist, und nicht die Person unserer Vorstellung. Wenn wir aber konkret phantasieren, und sei es ein Gespräch, dann ist alles, was die andere Person in diesem phantasierten Gespräch sagt, unsere Erfindung.

Zur intensiven Spannung gehört das Unvorhersehbare. Es läßt sich nicht phantasieren, denn die Eigenständigkeit des anderen kann nicht Teil einer Phantasie sein. Wir erkennen an diesem Gedanken die Grenzen unseres bewußten Wollens: Unser Bewußtsein kennt nur das Wollen, nicht aber das Nicht-Wollen. Wenn Nicht-Wollen als bewußtes Bedürfnis entdeckt und bewußt angestrebt wird, darf diese Lust nicht oder nur uneindeutig dem anderen mitgeteilt werden.

Ein offensichtliches Beispiel für die Verdrängung des Nicht-Wollens liefert die sogenannte Knabenliebe in der griechischen Antike. In den sexuellen Beziehungen hatten sowohl die erwachsenen Männer als auch die Knaben selbstverständliche Rollen. Der Erwachsene war aktiv, der Knabe war passiv. Wir würden heute sagen: Der Knabe war Lustobjekt und sollte die Lust des Erwachsenen hervorrufen und steigern. Über diese Lust des aktiven erwachsenen Mannes wurde in der Antike viel reflektiert, zum Beispiel wurde die Frage gestellt, ob ein Knabe mehr Lust bereitet als eine Frau. Aber die Frage, ob es dem Knaben (oder auch der Frau) selbst Lust bereitet, für die Lust des Mannes zu sorgen, überhaupt, welche Art von Lust der Knabe empfindet: Diese Frage war geradezu tabuisiert. Gewiß wird der Knabe etwas dabei empfunden haben, Objekt zu sein, auf Grund seiner Schönheit begehrt zu werden. Sexuelle Lust sprach man seinem Gefühl jedoch völlig ab. Und diejenigen, die ihm diese Lust nicht zubilligten, waren in aller Regel selbst einmal in der Rolle des Knaben gewesen, kannten das Objekt-Sein also aus eigener Erfahrung.

Der Begriff der Lust war in der Antike verknüpft mit aktivem Drang. Niemals hatte der passive Knabe die Möglichkeit, selbst auf einen Verehrer zuzugehen. Seine Entscheidungsmöglichkeit bestand allenfalls darin, sich entweder auf einen Verehrer einzulassen oder ihn abzuweisen oder vor ihm zu fliehen. Abweisung und Flucht konnten durchaus die Begierde des Erwachsenen steigern und wurden deshalb von den Knaben nicht selten gespielt. Die Interpretation, nur der Aktive könne Lust haben, ist insofern naheliegend, als nur in der Aktivität ein eindeutiges Wollen sichtbar wird.

Offenbar gibt es zwei verschiedene Formen sexueller Lust. Während man die aktive Lust stets als Lust ansah und verherrlichte, wurde die passive Lust des Objekts verdrängt. Offenbar war es für den Mann in der Antike wichtig, über die sexuellen Gefühle des Knaben nicht nachzudenken, ebenso wie die Männer in der christlichen Kultur auch nicht auf die Idee kamen, über die Lust der Frau zu reflektieren. Es ging offenbar darum, einen klaren Trennungsstrich zwischen der Lust des Aktiven und dem unbenannten, verheimlichten Gefühl des Objekts zu ziehen. Grund dieser klaren Trennung mag es gewesen sein, dem Aktiven einen freien und ungehemmten Zugang zum Objekt zu ermöglichen. So wie wir es vielleicht heute noch von Männern gegenüber Prostituierten kennen, die sich über die Empfindung einer Prostituierten keine Gedanken machen möchten. Diese Freiheit und Rücksichtslosigkeit des Subjekts ist nur möglich, wenn dem Objekt durch eine unmißverständliche Konvention ein bestimmtes Verhalten aufgezwungen ist. So war den Griechen die moralische Frage fremd, ob der einzelne Knabe die ihm zugeschriebene soziale Rolle akzeptiert oder nicht.

Die meisten Menschen kennen das Bedürfnis nach einer Spannung zwischen Wollen und Nicht-Wollen aus ihren sexuellen Phantasien. In jeder von einer Phantasie begleiteten Onanie wird diese Spannung sichtbar: In der Onanie mache ich mir selbst und zugleich wird mir gemacht. Solange sich die Phantasien ängstlich an allgemeinen Rollenbildern orientieren und das vermeintlich Perverse unterdrückt wird, muß die Onanie Ersatzcharakter haben.

Stellen wir uns einen Menschen vor, der Lust daran empfindet, nackt oder erotisch bekleidet in den Spiegel zu schauen. Wollen und Nicht-Wollen treten zusammen auf, weil der vor dem Spiegel Stehende schaut und zugleich beschaut wird. Er ist sexuelles Subjekt und Objekt, er empfindet die Lust beider Rollen, mal ist er der Schauende, mal der Beschaute. – Dieses Bild läßt sich spannungsreicher gestalten, indem eine kleine Geschichte zu dem Anschauen hinzuphantasiert wird, zum Beispiel bei welcher Gelegenheit der eine Mensch den anderen sieht. Die Spannung wird noch mehr gesteigert, wenn die beschaute Person gar nicht angeschaut werden «will». Solange sie «will», ist die Phantasie zwar moralisch legitim, aber langweilig. Interessanter ist also eine Geschichte, in der der Angeschaute gar nicht angeschaut werden möchte. Er will nicht den Blicken des anderen ausgeliefert, er will nicht Objekt sein. Doch zugleich will er es ganz und gar: Er will nämlich die Willenlosigkeit. Dieses gewollte Nicht-Wollen ist in der Phantasie nur möglich, wenn zum Beispiel die Beobachtung der Person heimlich geschieht, oder wenn ein Zwang mitphantasiert wird.

Damit sind die Möglichkeiten des Bildes noch nicht erschöpft. Die ausgelieferte Person lebt ihre Lust am Nicht-Wollen durch einen Zwang, der von einer anderen Person ausgeht. Nur so wird dem Ausgelieferten jede Möglichkeit des Wollens genommen. Das geht nur, wenn dem schauenden Subjekt das Bedürfnis des Objekts nicht bewußt ist. Dem «Täter» darf das Wollen des «Opfers» nicht klar sein, weil er sonst bloßes Werkzeug wäre.

Was hier beschrieben wird charakterisiert nicht nur die Sexualität einer Minderheit. Vielmehr geht es um eine Metapher für das Sexuelle. Viele Menschen denken insgeheim: «Wie gut, daß mein Sexualpartner gar nicht wußte, worin eigentlich meine Lust bestand, welche Geste, welche Berührung, welches Bild die Lust steigerte…» Hätte man vorher darüber gesprochen, wäre die sexuelle Handlung nicht oder zumindest nicht auf diese Weise möglich gewesen. Schon die Ahnung, der andere tut etwas nur, weil er weiß, daß er einem damit Lust verschafft, bedeutet eine Minderung der Lust. Sexuelle Lust sucht keine Rücksicht, jedenfalls nicht vordergründig.

Der Umstand, daß unser Bewußtsein das Nicht-Wollen nicht in den Griff bekommen kann, führt dazu, daß viele Menschen nur das Wollen für sozial und mitteilbar halten. Das Bedürfnis nach Nicht-Wollen wird oft als ein lästiges Gefühl wahrgenommen. So hat zum Beispiel eine Frau das Bedürfnis nach einem Geschlechtsakt mit einem Mann, den sie eher unangenehm findet, der – wie sie sagt – «ein Schwein» ist. Doch das heftige Bedürfnis läßt nicht nach, ihr Gefühl verlangt danach, von einem Mann penetriert zu werden, der zupackt, der auch ein bißchen brutal und rücksichtslos ist, von einem eher nicht-geliebten, vielleicht gar von einem gehaßten Mann. Doch die Vernunft kommt mit diesem Bedürfnis nicht zurecht. Außerdem spielen soziale, ideologische, emanzipatorische Ansprüche, schlechte Erfahrungen und ähnliches eine Rolle.

Was diese Frau will ist Nicht-Wollen. Sie findet jedoch für dieses Bedürfnis nur solche Bilder, in denen die wollende Person unangenehm und rücksichtslos ist. Wahrscheinlich findet sie zur Lust am Nicht-Wollen keinen rechten Zugang, weil ihr Bewußtsein nur das Wollen registrieren kann. Das Nicht-Wollen dringt nicht als Bedürfnis ins Bewußtsein, sondern nur in Form einer verengten und eindeutig gemachten Oberfläche, die sich in diesem Fall als Ablehnung und Haß äußert. Von einem geliebten Mann, den die Frau als

Mensch und Persönlichkeit schätzt, könnte und wollte sie nicht erwarten, daß er etwas gegen ihren Willen tut.

Dieses Gegen-den-Willen kann das entscheidende, luststeigernde Moment sein. Georges Bataille sagt dazu: «Gerade dieses gegen unseren Willen zeichnet den Augenblick der äußersten Lust und der nicht benennbaren, aber wunderbaren Ekstase aus. Wenn es nichts gäbe, das uns überschreitet, das um keinen Preis eintreten dürfte, erreichten wir nie den Augenblick, in dem wir von Sinnen sind, den wir mit allen unseren Kräften anstreben und gegen den wir uns zugleich mit allen Kräften wehren.» Nur wenn wir etwas nicht wollen, können wir dazu gezwungen werden. Der Zwang von außen vermittelt uns die Möglichkeit, auch unsere letzten Hemmungen zu überwinden. Nur wenn wir nichts mehr selbst zu entscheiden haben, werden die intensivsten Formen sexueller Lust lebbar. Solange man noch das Gefühl hat, frei entscheiden zu können, fehlt der Widerstand, an dem sich das Wollen brechen kann.

Um die Spannung zwischen Wollen und Nicht-Wollen zu steigern, ist es wichtig, daß einer der Handelnden restlos entscheidet. Die Trennung zwischen handelndem Subjekt und passivem Objekt muß klar gezogen werden. Während das lächerliche Ideal vom Synchron-Orgasmus in der Penetration verhindern soll, daß einer der Lust des anderen zuschaut, führt erst eine klare Trennung von Subjekt und Objekt dazu, die Macht des Wollens und die Ohnmacht des Nicht-Wollens zu erfahren. Ob Mann oder Frau Subjekt oder Objekt ist, und in welcher Weise diese Spannung inszeniert wird, darüber müssen sich die Beteiligten im voraus verständigen. Im besten Fall ist die Verständigung schon ein Teil der inszenierten Spannung.

Sexuelle Beziehungen sind auch Machtbeziehungen, deshalb besteht wenig Freiraum für lustvolles Ausgeliefert-Sein. Wo das Gefühl sozialer Macht die sexuelle Lust kolonialisiert, kann die Lust an der Ohnmacht zumeist nur heimlich oder dem eigenen Bewußtsein verschlossen gelebt werden. Lust ist jedoch nicht gleichbedeutend mit Macht, sondern besteht aus einer Vermischung von Macht und Machtlosigkeit, von Zwingen und Gezwungen-Werden. Das eine ist stets auf das andere angewiesen: Wer zwingt, ist selbst zum Handeln gezwungen, wer gezwungen wird, ist vom Zwang zur Entscheidung befreit. So ist es möglich, daß die größte Freiheit im Gezwungen-Werden empfunden werden kann und die höchste Macht in der Ohnmacht.

Männer haben es meist schwer, einen Zugang zu ihrer Lust am Nicht-Wollen zu finden. Als Kind lernen sie, wie wichtig es im Leben ist, sich einen anderen Körper – wenn es sein muß mit Gewalt – anzueignen. Das Spiel mit anderen Jungen gibt dem Jungen die Möglichkeit, sich im Niederringen des anderen, im Festhalten und Austeilen, im Durchsetzen der eigenen Körperkraft zu erproben. Schon früh verknüpft sich körperliche Macht mit sexueller Lust. Wenn ein junger Mann «es» einem anderen Körper «zeigt», empfindet er Erregung, die durchaus sexuell ist. Das erwartet die Gesellschaft, doch sie verbietet es ihm zugleich. «Du mußt dich durchsetzen!» und «Du darfst nicht gewaltsam sein!» Ein erwachsener Mann muß unterscheiden können, wann er die Abweisungen der Frau nicht als letztes Wort nehmen soll und wann er ihr entschiedenes «Nein» respektieren muß. In früheren Zeiten war ein derartiger Konflikt kaum möglich, weil sein Verhalten durch klare Zeichen und Konventionen legitimiert war. Erst in der modernen Gesellschaft des 20. Jahrhunderts ist er gezwungen, in eigener Verantwortung zu entscheiden, «wie weit» er in seinem aktiven Drang gehen darf, und wo es besser ist, sich zurückzuhalten. Dieser Balanceakt nagt am männlichen Selbstbewußtsein und bringt viele Zeitgenossen zu der «typisch» männlichen Ansicht, Sexualität spiele sich im Spannungsfeld zwischen Wollen und Durchsetzen ab. Je problematischer einem Mann die Erfüllung «seiner» Rolle erscheint, je weniger er die Rolle als Spiel sehen kann, desto schwieriger wird es, sich anderen, passiven Formen der Lust zu öffnen. Für Männer, die die kulturellen Muster tief verinnerlicht haben, ist es unvorstellbar, sich sexuell als Objekt auszuliefern.

Vielen Frauen ist es entsprechend fremd, die Rolle eines eindeutigen und möglicherweise auch gewaltsamen Subjekts einzunehmen. Gewiß können Frauen in der rollenbezogenen Sexualität Passivität und Nicht-Wollen leichter ausleben als Männer, haben mehr Möglichkeiten, sich uneindeutig zu geben. Allerdings können sie in der kulturellen Rolle als Dauer-Objekt die Lust am Objekt-Sein und Nicht-Wollen nur noch gebrochen empfinden, weil Objekt-Sein und Nicht-Wollen zu sozialen Machtkategorien geworden sind, die den Männern seit Jahrhunderten dazu dienen, der Frau eigene Bedürfnisse weitgehend abzusprechen.

Gehorchen und Befehlen, Zwingen und Gezwungen-Werden sind gesellschaftliche Umgangsformen der Menschen, in denen sich Machtverhältnisse ausdrücken. Sie können – wie gesagt – in der Sexualität der gegenseitigen Steigerung von Lust dienen. Je stärker wir jedoch kulturelle Bilder von Mann und Frau verinnerlicht haben, desto schwieriger ist es für uns, das Sexuelle vom Sozialen zu trennen. Die unaufgeklärte sexuelle Beziehung – zum Beispiel die traditionelle, rollengebundene Mann-Frau-Beziehung – übernimmt vorgegebene Muster von Machtstrukturen und bleibt darin befangen. Solange soziale Macht und Ohnmacht noch als Voraussetzung für sexuelle Handlungen gelten und es zur vorgegebenen Rolle keine Alternative gibt, ist es unmöglich, mit Wollen und Nicht-Wollen zu spielen.

Lust durch Macht und Ohnmacht bewußt zu steigern setzt eine Distanz zu sozialen Vorgaben, zu festgelegten Mann-Frau-Mustern, eine Bereitschaft zum spielerischen Umgang mit Rollen voraus.

Mann und Frau

Was ist «typisch männlich»? Was ist «typisch weiblich»? Auf diese Fragen hat offenbar jeder eine Antwort. Auch wenn die uralten Klischees aufgeweicht sind und wir die Frau nicht mehr als Mutter, den Mann nicht mehr als Ernährer definieren, so gibt es doch immer noch verbreitete Muster, die unsere Ansichten bestimmen.

Viele Männer lernen zum Beispiel immer wieder einen bestimmten Typ Frau kennen, der dann ihr Bild von «der Frau» prägt. Sie brauchen diesen Typ, der ihrem Rollenbild entspricht, um sich nicht verunsichert zu fühlen. Wenn sie eine Frau kennenlernen, die diesem Muster nicht entspricht, versuchen sie entweder, auch diese Frau in ein Klischee zu pressen, oder sie verlieren das Interesse. Klischeebilder spielen eine wichtige Rolle, um sich im Umgang mit dem anderen Geschlecht sicher zu fühlen. Welche konkreten Bilder von «Mann» und «Frau» jemand verinnerlicht, ist im Grunde sekundär; für viele Menschen ist entscheidend, überhaupt klare Rollenbilder zu haben.

Jede Kultur hat bestimmte Bilder geprägt, damit sich ein Mann als Mann und eine Frau als Frau fühlt. Obwohl man meinen könnte, die Geschlechter seien ohnehin schon – also «biologisch» – verschieden genug, sind offenbar zusätzliche kulturelle Unterscheidungen notwendig. Sie sollen dazu dienen, daß sich Mann und Frau möglichst schnell als solche erkennen, sowohl äußerlich – etwa im Haarschnitt oder an Bewegungen – als auch am unterschiedlichen Verhalten. Wären Mann und Frau nur anhand biologischer Unterschiede zu erkennen, wären sie offenbar immer noch zu gleich. Die kulturell bedingten Unterschiede sollen also eine Spannung verstärken.

Der männliche und der weibliche Körper werden in unserer Kultur völlig unterschiedlich wahrgenommen. Der weibliche Körper wird sowohl von Männern als auch von Frauen auf ungleich andere Weise erotisiert als der männliche. Je mehr der weibliche Körper den verbreiteten Bildern von Attraktivität entspricht, desto mehr gilt er als Objekt. Es gibt etliche Kulturen, in denen eher der männliche Körper als Sexualobjekt gilt. Interessant ist, daß Sexualität grundsätzlich etwas mit Objekt und Subjekt zu tun hat. Sexuelle Spannung ist stets die Spannung zwischen zwei unterschiedlichen Rollen. Daß sich diese Pole auf bestimmte Geschlechter verteilen, ist nicht zwingend. Was wir heute als Rollenverteilung zwischen Mann und Frau erleben, ist eine geschlechterbezogene Aufteilung zweier Spannungspole, die von sich her gar nichts mit Mann und Frau zu tun haben.

Aufgrund dieser geschichtlichen Zuordnung von Spannungspolen ergeben sich die bekannten Klischeebilder von Mann und Frau, mit denen sich wohl auch die meisten Männer und Frauen identifizieren. Wir kennen den zur Aktivität verdammten Mann, der die ganze Widersprüchlichkeit dieses Aktivitätendranges zu spüren bekommt. Als mächtiger Held, um-sich-greifend, in-die-Hand-nehmend, unerschütterlich, Athlet, Handwerker und Herrscher. Unabhängig, vor allem von Frauen. Zugleich aber in seiner Rolle stets überfordert: Der Mann als Schwächling, der Angst hat vor Frauen. Der seinen Körper nicht kennt und über seine Gefühle nur stammelt.

Nur beim Mann gibt es diese Polarität: Selbständigkeit und Unselbständigkeit, Stärke und Schwäche, Held und Feigling: das sind männliche Attribute. Wer dem Anspruch nicht genügt, fristet sein Dasein als Versager. Da aber kaum jemand dem Anspruch genügen kann, schwankt der Mann zwischen dem Gefühl des Versagens und der Illusion, im Grunde jede Frau haben zu können, wenn er nur wollte. Interessant ist die Frage, warum Männer diesen Anspruch überhaupt verinnerlichen. Anspruch und Nicht-Erfüllung sind in der Regel dasselbe. Die Grenze zwischen Macht und Lächerlichkeit ist ein schmaler Pfad.

Von der Frau gibt es kein vergleichbar eindeutiges Bild. Immer wieder stellen Frauenzeitschriften und Populärwissenschaft die Frage, «was Frauen wirklich wollen». «Was Männer wirklich wollen» – diese Frage hält man hingegen für geklärt. Daß in unserer Kultur die Frau als rätselhaft gilt, hat damit zu tun, daß die Frauenbilder von Männern entworfen sind und – als Gegenbilder – gerade das ausdrücken, was die Männer sich selbst absprechen und um so mehr begehren. Um von seinem eigenen Körper abzulenken, erklärte der Mann die Frau zum Körper. Um sich selbst als metaphysisches Subjekt zu erfahren, schuf er sich ein naturgebliebenes Objekt. Je weniger er sich selbst als «erotisch» empfand, desto mehr übertrug er das Erotische auf die Frau. Je mehr er die Gefühle in sich selbst als Schwäche verachtete, desto eindeutiger definierte er die Frau als Gefühlsmensch.

Was eine Frau als Feingefühl an sich selbst wahrnimmt, wird so mancher Mann als übersensibel verlachen, er klotzt und belästigt, oft ohne es zu merken. Männliche Plumpheit im Alltag entspricht einer verbreiteten Art der Körperwahrnehmung. Der Mann flieht vor seinem eigenen Körper, indem er ihn zum Aktivkörper, zum Handwerkzeug oder zum Kraftpaket macht. Der aktive, praktische Körper des Mannes ist ein Machtkörper. Daß Männer ihren Körper auch heute noch oft auf diese Weise empfinden, hat auch einen archaischen Grund. Der männliche Körper ist dem weiblichen an Größe und Kraft überlegen. Insofern mag es naheliegend sein, daß der Mann seinen Körper als seine Macht ansieht, als Masse, als Brocken Materie. So gelingt es ihm vielleicht schon in den frühesten Kulturen der Menschheitsgeschichte, Körper und sexuelle Spannung voneinander zu trennen: Hier die reale Macht des Körpers, dort die symbolische Macht des Genitals.

Der männliche Mann denkt nicht über sich nach, weil er es nicht braucht, zumal ihn die Frau nicht selten auch gerade deshalb bewundert, weil er einerseits so geradlinig-naiv geblieben ist und andererseits stundenlang über logische Spitzfindigkeiten referieren kann. Der Mann ist in einem pubertären Rationalismus versackt. Rationalismus ist ein von vielen Männern verinnerlichtes, geschichtliches Prinzip, das sich vor allem in der Handhabung moderner Technik ausdrückt. Rationalismus ist der Versuch, die Frage nach sich selbst zu verdrängen, indem jedes Problem als ein allgemeines, abstraktes oder gar technisches gedeutet wird.

Der rationalistische Mann deutet seinen Körper, indem er ihm eine einzige klare Begierde zugesteht: den Drang nach dem einen. Er legt sich fest, um nicht darüber nachdenken zu müssen, was er eigentlich will. Er ist für klare Verhältnisse. Frauen, die sich eine Vieldeutigkeit bewahrt haben, erscheinen ihm naiv. Sie waren geschichtlich nicht genötigt, sich auf ein bestimmtes Bedürfnis festzulegen, sie hatten jedoch in der abendländischen Kultur auch keine Möglichkeit, das sexuelle Geschehen aktiv zu beeinflussen, zumal sich der machthungrige Mann als Subjekt deutete, und Subjekt bedeutet für ihn: Er nimmt, was er braucht, und er braucht, was er nimmt.

Frauen fühlen sich von Männern nicht nur in ihrer sozialen Stellung, sondern auch in der ihnen zugewiesenen Rolle als Sexualobjekt unterdrückt. Sie fühlen sich durch männliche Reden, Blicke, Berührungen belästigt, Frauen werden von Männern sexuell mißhandelt und vergewaltigt und nicht umgekehrt. Offenbar haben Männer und Frauen seit Jahrtausenden bestimmte Rollen eingeübt, in denen der Mann aktiv, drängend, zwingend und gewaltsam ist, während die Frau weitgehend als passiv, duldend und gehorsam gilt.

Solange diese Bilder geschichtlich mit sozialer Macht und Ohnmacht verknüpft waren, konnte die sexuelle Unterdrückung der Frau nicht erkannt werden. Erst eine Frau, die sich sozial vom Mann unabhängig fühlt, wird ihre Sexualität auch am Anspruch dieser Unabhängigkeit messen. Wenn Frauen gesellschaftliche Macht erwerben können, entsteht ein Zwiespalt zwischen dieser sozialen Rolle und den verinnerlichten, traditionellen Bildern von Weiblichkeit. Die sexuelle Objektrolle der Frau kann nur dann als diskriminierend empfunden werden, wenn sie im Bezug zur sozialen Rolle der Frau gesehen wird. Ließen wir den Bezug zu sozialer Macht einmal unberücksichtigt, könnten wir genausogut sagen, daß der Mann auf eine besondere Weise unterdrückt wird: Er hat nämlich sein Lustempfinden amputiert, indem er sich geschichtlich vom Objekt-Körper der Frau abhängig machte. Er hat das Gefühl für den eigenen Körper verloren und braucht den Körper der Frau. Indem er sich selbst nicht als passives Objekt erfahren kann, ist er zum Drängen verdammt. Nur weil die männliche Sexualität stets als Synonym sozialer Macht galt, wurde sie immer wieder mystifiziert, so daß man gar nicht daran dachte, ihr Reduziertes zu erkennen. Der männliche Orgasmus wurde zum universalen Bild von Lust, zum Kultbild, und in der modernen Gesellschaft versucht man gar, den weiblichen Orgasmus nach dem Vorbild des männlichen auszurichten.

Die als männlich geltende Lust zeichnet sich dadurch aus, daß sie benennbar ist. Die Lust am Ausgeliefert-Sein kann der eingefleischte Subjekt-Mann nicht empfinden. Indem er die Objekt-Lust als weiblich deutete, verknüpfte er sie mit sozialen Machtkategorien. Der Mann sollte seiner Objekt-Lust abschwören, um einem männlichen Machtbild zu entsprechen, und die Frau spürte ihre Lust am Ausgeliefert-Sein immer als Bestandteil tatsächlicher sozialer Mißachtung, so daß sie diese Lust verheimlichen mußte.

Die archaische Verschiedenheit männlicher und weiblicher Bedürfnisse bleibt unproblematisch, solange der Umgang der Geschlechter durch strenge Konventionen geregelt wird. Konvention und Moral sorgen dafür, daß sich Mann und Frau – außerhalb des vereinigenden Aktes – nicht zu nahe kommen. Konvention und Moral sind Waffen gegen ein drohendes Gespräch zwischen Mann und Frau, das Übereinkunft und Nähe ermöglichen könnte. Erst im Verfall der Konventionen kommen sich Mann und Frau auch «geistig» so nahe, daß die einstmals unüberwindbare Oberfläche, die biologische Distanz, verringert wird.

So gibt es viele Beziehungen zwischen Mann und Frau, bei denen es Außenstehenden schwerfällt, zu verstehen, warum ausgerechnet diese beiden Menschen zusammen sind: Der Mann ist zum Beispiel ein Logiker, redet über allgemeine Dinge und nie von sich und lebt in seiner Computerwelt, die Frau dagegen ist in Selbsterfahrungsgruppen, in Psycho- und Mystik-Kreisen zu Hause. Die beiden haben keine gemeinsamen Interessen, sie sind offensichtlich grundverschiedene Menschen, und selbst in alltäglichsten Fragen liegen Abgründe zwischen ihren Ansichten. Was verbindet diese beiden Menschen, die doch im Grunde kein ernsthaftes Wort miteinander reden können? Zugespitzt formuliert: Was hält eine Beziehung zwischen zwei Menschen zusammen, die aus verschiedenen Kulturen kommen und nicht einmal die Sprache des anderen sprechen?

Offenbar geht es vielen Menschen weniger um Gemeinsamkeiten oder Gespräch, sondern um ein Aufeinanderprallen von Gegensätzen. Möglicherweise würden sie eine zu große Nähe eher als Glättung der sexuellen Spannung erfahren. Wo sich zwei Menschen gar nicht verstehen, sich nichts zu sagen haben und doch immer wieder aneinandergeraten, da hält sich das gegenseitige Empfinden meist unausgesprochen und unreflektiert. Über individuelle Bedürfnisse nachzudenken erweist sich als unnötig und unmöglich, der Glaube ans reine Gefühl bleibt unangetastet. Solch eine Beziehung kann ein Begehren kennzeichnen, das nur dann als verewigte Unbefriedigung erscheint, wenn man es an einem Wert wie Verständnis mißt.

Viele Menschen machen in langjährigen Beziehungen die Erfahrung, daß Verständnis und Nähe die sexuelle Spannung reduzieren. Bekannt sind Beispiele, in denen sich Mann und Frau schon eine Zeitlang kennen, über vieles Persönliche gesprochen haben, und dann doch noch zu einer sexuellen Beziehung miteinander kommen. Sie stellen oft fest, daß ihr weitreichendes Verständnis füreinander eine Glättung der sexuellen Spannung bedeutet.

Je stärker man individuelle Bedürfnisse verdrängt, desto wichtiger wird es in einer sexuellen Beziehung, Distanz zu halten. Dies geschieht gewöhnlich nicht bewußt, sondern auf Grund einer Unfähigkeit, überhaupt eine Nähe zum anderen Geschlecht aufzubauen. Historisch sind jedoch immer mehr Berührungspunkte zwischen männlichen und weiblichen Interessen und Empfindungen entstanden. Mit dieser Annäherung droht die Einebnung der einst unangetasteten und unhinterfragbaren Spannung, die wir erhalten können, wenn wir mit dem Wissen spielen und unsere gegenseitige Einfühlung nicht jederzeit und immer mitteilen, im Gespür für das Unausgesprochene und Verheimlichte, im Extremfall gar als vorgetäuschte Verweigerung des Verständnisses.

Solange Sexualität statisch als ständige Wiederkehr desselben gelebt wird, reicht die Verschiedenheit der Beteiligten: Mann und Frau erfahren den Akt aus völlig verschiedenen Perspektiven und fragen nicht nach dem Gefühl des jeweils anderen Geschlechts. Während in früheren Gesellschaften die Unterschiede von Mann und Frau kein Problem waren und nie kritisch hinterfragt wurden, verliert die Phantasielosigkeit einer selbstverständlichen Rollenverteilung für uns heute an Attraktivität. Aufklärung macht androgyn. Eine jahrtausendealte Zuordnung von Rollen, die auch durch die Biologie von Mann und Frau bestimmt wurde, kann überwunden werden.

Wie schön wäre es, wenn der Mensch nicht auf ein Geschlecht festgelegt wäre, wenn er abwechselnd – je nach Bedürfnis – heute Mann und morgen Frau sein könnte. Die Körper hätten die Fähigkeit, sich zu verwandeln. Ein androgyner Traum.

Stellen wir uns vor, wir könnten den kulturellen Trennungsstrich zwischen den Geschlechtern überwinden, stellen wir uns vor, wir wären das jeweils andere Geschlecht. Wie würden wir leben? Welche Kleidung würden wir tragen, welche Freunde und Freundinnen haben, welche sexuellen Phantasien? Dieses Gedankenspiel erfordert Mut. Daß es vielen schwerfällt, sich auf diese Phantasie einzulassen, zeigt, wie tief die meisten Menschen mit dem sozialen Bild verwurzelt sind, das ihrem Geschlecht entspricht.

Jede Kultur sieht eine ihrer Hauptaufgaben darin, Polaritäten von männlich und weiblich zu entwickeln, um die Kluft zwischen den Geschlechtern so tief wie möglich zu halten. Das Bild vom eigenen und vom anderen Geschlecht soll stets den Eindruck erwecken, als würde es der Natur entsprechen. Wir wissen, daß es diese Natur von Mann und Frau nicht gibt. Immerhin haben die verschiedensten Kulturen auch verschiedenste Bilder von Mann und Frau hervorgebracht.

So herrscht in allen Kulturen das Stereotyp, eine Frau vor allem als Mutter zu sehen. Aber auch diese archaische Deutung ist anachronistisch. Gewiß hat der weibliche Körper im Gegensatz zum männlichen die Möglichkeit der Schwangerschaft, durch diese biologische Möglichkeit wird die Frau jedoch nicht festgelegt. Sie hat, wo der Mann keine Möglichkeit hat, zwei. Sie kann sich für oder gegen die Schwangerschaft entscheiden.

Um individuelle Entscheidungsmöglichkeiten einzuschränken, gibt es in den meisten außereuropäischen Kulturen Initiationsriten, die den Knaben zum «Mann» und das Mädchen zur «Frau» machen. Solch ein Ritus ist in vielen Kulturen der Akt der Beschneidung. Er dient dazu, den jungen Männern und Frauen durch einen schmerzhaften Eingriff eine tiefe Narbe ins Bewußtsein einzupflanzen, so daß den Betreffenden der Beginn eines neuen Lebens signalisiert wird. Endgültig werden das Geschlecht und die zugehörige Rolle festgelegt: Durch den Akt der Beschneidung soll dem Mann der weibliche und der Frau der männliche Anteil genommen werden. Es gilt, das kindlich-androgyne Urgefühl restlos zu zerstören. In vielen afrikanischen Kulturen ziehen sich die Knaben (und getrennt davon meist auch die Mädchen) in der Regel viele Tage oder sogar Wochen zurück, bevor sie – als neue Menschen – wieder in die Gemeinschaft aufgenommen werden. Die Abwesenheit entspricht dem, was Freud als Latenzzeit beschreibt. Bei uns wird jedoch nicht mehr mit dem Messer, sondern ideologisch beschnitten und so das sexuelle Bedürfnis in arterhaltende Bahnen gelenkt.

Jede Kultur versucht im Sinne der Arterhaltung das ursprünglich androgyne Moment im Menschen zu vernichten. Zugleich dient die kulturelle Zerstörung der Androgynie dazu, tiefste Formen sexueller Lust zu unterbinden, den Zustand vergessen zu machen, in dem es männlich und weiblich noch nicht gab, sondern nur die Spannung zwischen aktiv und passiv, zwischen Wollen und Gewollt-Werden.

Durch die Unterdrückung der Androgynie sollen die Menschen die Lust an sich selbst verlieren, um auf diese Weise um so mehr vom anderen Geschlecht abhängig zu sein. Der Androgyne sucht im anderen nicht den Fremden, sondern sich selbst. Er erfährt beide Pole der Lust und wird in einer sexuellen Beziehung in der Lust des anderen immer auch seine eigene Lust wiedererkennen; er wird mit dem anderen auf eine Weise umgehen, die er auch gerne an sich selbst erfährt. Seine sexuelle Lust wird weniger durch die Begrenztheit der eigenen Rolle bestimmt, sondern durch die Suche nach Abbildern von sich selbst.

Viele Menschen spüren, wie sehr sie ihre eigenen Begierden im verinnerlichten Zwang zur Konvention ausklammern. Damit wächst das Bedürfnis, die eingefahrenen Rollen zu überwinden. Indem Frauen das standardisierte Sexualverhalten als Teil einer sozial diskriminierenden Rolle sehen, versuchen sie, die weibliche Rolle aus der Verknüpfung mit Passivität und Duldung zu lösen. Die Frau will kein Objekt mehr sein, weil Objekt-Sein als unmenschlich gilt. Daß im sexuellen Spiel einer entscheidet und der andere folgt, muß jedoch nicht inhuman sein. Die eindeutige Zuweisung von Subjekt- und Objektrolle wird nur moralisch verachtet, solange man noch dadurch geprägt ist, eine autoritäre Sexualität zu überwinden, in der die Rolle des Bestimmenden automatisch die männliche Rolle ist. Solange der gewohnte Akt noch im Zentrum sexueller Spannung steht, werden sich an ihm stets Machtspiele entzünden. Der Mann wird den sozialisierten Drang verspüren, den Akt durchsetzen zu müssen, die Frau wird sich bemühen, den Mann nicht immer zum Zuge kommen zu lassen. Mit Verweigerung alleine wird sie die Rollenmuster nicht erschüttern, sondern bestärken: Die nur oberflächliche Verweigerung hat schon immer dem männlichen Eroberungswahn gedient.

Die Zerstörung konventioneller männlicher Macht erlangt im Sinne der Lust nur dann einen Sinn, wenn ihr die Einsicht folgt, daß nicht die Aufhebung von Rollen, sondern der spielerische Umgang mit selbstgestalteten Rollen intensive Lust verspricht. Eingefahrene Rollen überwinden bedeutet nicht, auf Rollen gänzlich zu verzichten. Eine Rolle ist nicht deshalb schlecht, weil sie eine Rolle ist. Sie stört nur, wenn sie unbewußt und verselbständigt vollzogen wird.

Phantasie

Sexuelle Phantasie und tatsächliches sexuelles Erleben klaffen bei den meisten Menschen weit auseinander. Während in der Realität eine konventionelle Sexualität vorherrscht, sind die Phantasien, je differenzierter sie wahrgenommen werden, unkonventionell. Oft werden sie für dermaßen unrealisierbar gehalten, daß die meisten Menschen gar nicht ernsthaft daran denken, die Wirklichkeit der Phantasie anzunähern. Sie tragen bestimmte Vorstellungen und Bilder ihr Leben lang nur im Kopf herum. Das ist ein Indiz dafür, wie streng reglementiert der sexuelle Umgang der Menschen miteinander ist, wie unmöglich es erscheint, von bestimmten Normen abzuweichen. Diese Reglementierung wird durch die moralische Ächtung der sexuellen Phantasie untermauert. Das gilt heute ungeachtet der Bücher-, Film- und Medienflut, die sexuelle Phantasien darstellen. Die Einbeziehung der Phantasien in die gelebte Sexualität ist für die meisten Menschen nach wie vor ein weitgehendes Tabu.

In der Phantasie kommt eine Lust zum Ausdruck, die einen egoistischen Kern hat und sich der sozialen Nützlichkeit widersetzt. Mit zunehmender Aufklärung über Empfindungen und Bedürfnisse wächst der Einfluß der Phantasie auf unsere sexuelle Lust. Je wichtiger die Phantasie ist, desto öder erscheint uns eine sexuelle Erfahrung, sobald wir sie als bloße Wiederholung erkennen. Einem Menschen, dessen sexuelle Phantasie nur wenig differenziert ist, reicht der bloße äußere Reiz, um erregt zu werden. Ein Tier kennt in diesem Sinne überhaupt keine Phantasie, es ist den sinnlichen Reizen der Umwelt völlig ausgeliefert. Es ist verführbar und leitbar. Stets wird das Tier durch ein reales Bild erregt, niemals aber durch ein phantasiertes. Von Lust kann man hier sicher nur begrenzt sprechen. Daß ein Tier Lust empfindet, ist menschlich gedacht, daß Triebbefriedigung generell mit Lust zu tun hat, ist Ausdruck einer kulturellen Interpretation. Die Unbewußtheit des Tieres ist uns fremd, wir kennen sie nicht einmal sporadisch von uns selbst. Wenn wir uns eines unbewußten Rausches erinnern, dann schließen wir schon durch die Bewußtheit des Erinnerns alles Unbewußte aus. Und doch ist die Erfahrung von Lust niemals völlig bewußt. Lust ist für uns weder die Reinheit des bilderlosen Rausches noch das bloße Bild ohne Bereitschaft zur Erregung. Sie ergibt sich erst aus einem besonderen Verhältnis zwischen unbewußter Triebhaftigkeit und bewußt wahrnehmbarem Bild. Je bewußter dieses Bild ist, desto stärker wird es als Phantasie empfunden.

Kehren wir noch einmal zurück zur sexuellen Lust des Tieres. Wenn wir das Gefühl des Tieres schon Lust nennen, dann hat das Tier mit Sicherheit eine andere Lust als der Mensch, weil es nichts über seine Lust weiß. Dennoch ist die Lust eines Tieres der menschlichen Lust verwandt. Und nicht nur die Lust des Tieres hat mit der menschlichen Lust zu tun, auch die Lust einer Pflanze, die Lust des Einzellers und sogar die Lust des Kieselsteins. Dieser Gedanke soll verdeutlichen, daß menschliche Lust zwei Ebenen hat: Zum einen jene Urlust, die auch im Tier und im Kiesel steckt und in allem überhaupt. Zum anderen die bildhafte Lust, die möglich ist, weil wir der Vorstellung mächtig sind, weil wir Erinnerungen haben, Wissen und Phantasie. Diese bildhafte Lust unterscheidet den Menschen vom Tier und gewinnt mit zunehmend bewußter Erfahrung des Sexuellen an Einfluß. Die bilderlose Lust bleibt dagegen immer unbewußt, treibt uns, bestimmt uns, determiniert uns. Sie muß ohne Wissen da sein, denn sie ist unmittelbar mit der Selbst- und Arterhaltung verknüpft. Dieses unbewußte Wollen hat über viele Jahrtausende bewirkt, daß sich der Mensch ständig fortpflanzte, daß er sich überhaupt aus dem Affen entwickelte und daß wiederum zuvor der Affe entstand usw.

Es gibt nur eine Handlung, die dieser bilderlosen, instinkthaft erscheinenden sexuellen Lust entspricht: der heterosexuelle Geschlechtsakt. Diese mit der Fortpflanzung verknüpfte Praktik ist auf keine Phantasie angewiesen, um ihren Zweck zu erfüllen. Kein Wissen, keine Vorstellung ist dazu notwendig. Eine Handlung, deren Kraft darin besteht, daß sie undurchschaut bleibt, muß problematisch werden, wenn man beginnt, über sie nachzudenken. Die meisten sexuellen Probleme lassen sich meist auf eine ambivalent gewordene Haltung zum gewohnten Akt beziehungsweise zur Fortpflanzung zurückführen. Jedes Bewußtsein über Sexualität – mit dem Aufkommen der Phantasie verbunden – tendiert dazu, in Konflikt mit der reinen Triebhandlung zu geraten.

Am sexuellen Verhalten der Menschen im 19. Jahrhundert oder auch noch in den fünfziger Jahren fällt auf, daß man viel seltener als heute auf die Idee kam, den Geschlechtsakt als Genuß zu erfahren. Was wir Vorspiel nennen, gab es nur selten, und der sexuelle Akt wurde meist unter der Bettdecke und im Dunkeln vollzogen. Man redete nicht darüber. Spätestens seit den sechziger Jahren wird der Akt um einige Varianten bereichert: Nacktheit gilt als selbstverständlich, das Licht kann angelassen, Phantasiebilder können in den Ablauf integriert werden.

Den Akt im Dunkeln zu vollziehen entspricht einem christlich-abendländischen Bild von Sexualität. Offenbar soll dem Sexuellen alles Bildhafte genommen werden, jede Vorstellung, jede Umsetzung einer Phantasie, die von der rein technischen Handlung abweicht, wird unterdrückt. Es geht darum, jegliche sexuelle Energie auf den arterhaltenden Akt zu konzentrieren. Offenbar fürchtete man, daß eine intensive Lust an phantasierten oder gespielten Bildern das Interesse an dieser Handlung mindern könnte.

Mit der Propagierung des Nicht-Sehens – und generell der Ausschaltung aller Sinne – verbindet sich eine bis heute verbreitete Sichtweise: nämlich den sexuellen Drang als Trieb zu betrachten, der den Menschen überkommt. Als Unregulierbares, vor dem man besser die Augen verschließt, als eine Kraft, die man nicht selbst gestalten kann. Die geschichtliche Verdammung der Phantasie zielte darauf ab, Sexualität möglichst unbewußt zu halten. Eine als Selbstverständlichkeit empfundene Festlegung auf den einen Akt ist Ausdruck einer moralischen Verachtung der sexuellen Phantasie. Während andere Bereiche des Lebens mit Phantasien und Utopien angereichert wurden, wollte man die Lust im Käfig des Bilderlosen gefangen halten. Was als Begriff der sexuellen Unterdrückung ins Allgemeinwissen eingegangen ist, meint stets Unterdrückung bildhafter Lust und somit in letzter Konsequenz: Propagierung des Bilderlosen, Propagierung der Penetration.

Von der Unterdrückung des Bildhaften zu sprechen, während an jedem Kiosk, im Kino und Fernsehen überall und allzuoft sexuelle Bilder feilgeboten werden, erscheint widersprüchlich. Was dort jedoch verbreitet wird, zielt nicht auf die Entfaltung individueller Phantasien, sondern dient dazu, von der Norm abweichende Phantasien im Keime zu ersticken. Die banalen Klischeebilder suggerieren das Gefühl: So, wie es gezeigt wird, ist es, und so muß es auch sein.

Wer trotzdem intensive sexuelle Phantasien hat, wird sich gewiß schon gefragt haben, warum denn diese individuellen Phantasien niemals auf der Kinoleinwand gezeigt wurden. Die wirkliche Phantasie bleibt jedem einzelnen, meist als Geheimnis, überlassen. In der Phantasie wird jeder Mensch auf sich selbst zurückgeworfen. Je nuancierter jemand die eigene Phantasie wahrnimmt, desto tiefer wird das Gefühl, allein dazustehen. Die Angst vor Vereinsamung ist ein wichtiges Druckmittel, um die Menschen an die Norm zu binden. Wenn es um intimste Gefühle geht, ist die Angst vor Isolation für viele Menschen derart bedrohlich, daß sie sich niemals trauen, darüber zu reden. Und wer nie darüber redet, verdrängt bald, was ihn bewegt. Wer jedoch Worte für seine Bilder findet und sogar versucht, die Phantasien zu leben, wird immer wieder feststellen, daß es keine Zeichen gibt, auf die man sich berufen kann. Es gilt, eine eigene Sprache zu finden, um sich mitzuteilen. Phantasien werden in der Regel nicht durch den Akt bestimmt. Jeder Mensch hat diese nichtgenitale Lust schon intensiv erlebt; in der Kindheit, als sogenannte prägenitale Sexualität. Die kindliche Sexualität gilt mittlerweile als akzeptierte, aber belächelte Tatsache, sie wird allgemein nicht als wirkliche Sexualität ernstgenommen, weil die verbreitete Vorstellung davon nur allzu stark an Geschlechtsverkehr gebunden ist. Sie wird kaum mit erwachsener Sexualität in Verbindung gebracht und bleibt für das Kind selbst eine weitgehend unartikulierbare Erfahrung.

Ein Kind mit sieben, acht oder neun Jahren hat intensive Phantasien, spürt aber, daß es diese Phantasien nicht öffentlich machen kann, es lernt zu verheimlichen. Es spürt, daß die Phantasien auf seltsame Weise den allgemeinen Werten der Erwachsenenwelt widersprechen. Auch wenn das Kind keinen Begriff davon hat, so wird es doch stets von einer dunklen Ahnung begleitet, daß seine Phantasien «pervers» sind. Dann setzt eine Phase ein, die Freud «Latenzzeit» nennt; in dieser Phase verdrängt das Kind unter wachsendem sozialem Druck seine lustvollen Phantasien. Das kann so heftig geschehen, daß sich der erwachsene Mensch kaum noch an die eigenen kindlichen Phantasien erinnert. Diese Verdrängung ist im Hinblick auf die Erhaltung der Art wichtig. Sie ebnet den Weg für eine neue, genital strukturierte Sexualität.

Wenn ein Kind vor Beginn der Pubertät nicht die Kraft hat, die prägenitale, ziellose Lust, das eigene Geheimnis, am Leben zu erhalten, wird es die neuen Anforderungen ohne Probleme als einzige Form der Sexualität übernehmen. Hat ein Kind jedoch schon früh eine eigene Sexualität entwickelt, seine Phantasien kultiviert oder mit sich selbst gespielt, dann wird es die neuen Ansprüche als fremd und wenig lustvoll abwehren. Die meisten jungen Menschen beugen sich dem Druck, der in der Pubertät geradezu unheimliche Züge annehmen kann. Er wird nicht etwa eindeutig, in Form von Vorschriften, ausgeübt, sondern subtil. Man bekommt irgendwie mit, wie sich die anderen sexuell verhalten. Man hört, was sie angeblich alle wollen, man erfährt, was «die Erwachsenen» tun. Und doch werden Reste der polymorph-perversen, kindlichen Sexualität hinübergerettet. Je bewußter ein Mensch seine prägenitalen Phantasien bewahrt und weiterhin kultiviert, desto weniger wird er sich anpassen können. Je besser er sich an eine frühere, intensive Lust erinnern kann, desto klarer weiß er, daß der erwachsene Akt ansozialisiert ist. Im Grunde entstammen alle sexuellen Phantasien des erwachsenen Menschen dieser vorpubertären Zeit.

Sigmund Freud erkannte, daß es im Menschen eine Sexualität

gibt, die nicht zielgerichtet und genitalfixiert ist. Er beschäftigte sich mit der Frage, warum der sexuelle Drang des Menschen nicht erst in der Pubertät entsteht, warum die ursprüngliche Form menschlicher Sexualität nicht an den später offenbar so bedeutenden Akt gebunden ist. Die «Perversion» ist das Ursprüngliche, die in der Pubertät einsetzende, zielorientierte Sexualität das Erworbene. Das meint die saloppe Formulierung: «Man wird nicht pervers, sondern man bleibt es.»

Freud, der die infantile Sexualität entdeckte, verkannte ihre besondere Bedeutung. In der kindlichen Lust kommen nämlich Bilder zum Ausdruck, die wir in der späten, genitalen Sexualität nicht mehr finden. Die kindliche Sexualität ist weniger als die erwachsene von kulturellen Grenzen geprägt. Sie ist unangepaßt und sprengt die Regeln, wo sie nur kann. In der Pubertät werden jedoch die ausufernden Bilder geopfert, um einer nützlichen Sexualität den Weg zu ebnen. Männliche und weibliche Rolle werden festgelegt, in unserer Kultur wird der Mann zum Subjekt, die Frau zum Objekt.

Freud ahnte also, daß es eine ursprüngliche, eigentlichere Sexualität im Menschen gibt, die nichts mit dem arterhaltenden Akt zu tun hat, lag ihm daran, die normale, genital ausgerichtete Sexualität als «natürlich» zu legitimieren. Freud läßt die infantile Sexualität untergehen, bevor die erwachsene «zweite Natur» im Menschen erwacht. Der Untergang infantiler Lust ist in der Psychoanalyse und der Sexualwissenschaft deshalb so wichtig, weil nur so die These vom «natürlichen» Entstehen genitaler Sexualität untermauert werden kann. Nach dieser Sicht ergibt sich die erwachsene programmatische Sexualität «von selbst» und nicht durch massiven Druck der Umwelt.

Doch die erwachsene Sexualität entsteht genausowenig von selbst, wie die infantilen Phantasien von selbst aufhören. Keineswegs ist die Verdrängung des Infantilen «gesund» und «natürlich». Die sogenannte Latenzphase ist – wie auch Freud eingesteht – in anderen Kulturen kaum zu entdecken. Daß sich viele Menschen an den massiven Druck, unter dem die infantile Sexualität untergeht, nicht erinnern, bedeutet nicht, daß sie diesen

Druck nicht erlebten. Vielmehr erfolgt die Verdrängung dermaßen subtil, daß den meisten Erwachsenen ihre kindliche Lust weitgehend verborgen bleibt.

Pubertät bedeutet Krieg zwischen zwei Sexualitäten. Es ist ein ungleicher Kampf: Während die soziale Sexualität definiert ist, verbleibt die spielerische meist im Unbenannten. Die Pubertät ist ein Lebensabschnitt voller heftigster innerer Aufruhr. Doch weniger weil der junge Mensch Bedürfnisse spürt, die er zuvor nicht kannte, sondern weil eine brutale Verdrängung stattfindet. Eine Lustwelt wird ausgerottet. Die bislang wenig beachteten Gefühle und Neigungen bekommen plötzlich Namen und haben gesellschaftlichen Erwartungen zu entsprechen. Ein enormer Anpassungsdruck entsteht und verunsichert. Jugendliche wollen wissen, wie «man» «es» macht. Unwissend und unerfahren dazustehen, würde als peinlich gelten. Sie suchen Muster und Vorbilder, wollen nicht als «zurückgeblieben» auffallen. Dieser Prozeß setzt sich im weiteren Leben fort, da das «Eigene» nie vollständig ausgeschaltet werden kann. Was in der Pubertät besonders heftig geschieht, begleitet – in gemäßigter Form – auch den längst mit der Norm Vertrauten.

Eine phantasievolle Sexualität kann sich nur derjenige erhalten, der an jene prägenitalen Bilder anknüpft, die mit dem Standardakt nichts zu tun haben. Wenn es einem jungen Menschen gelingt, die «eigentlichere» Lust gegen gesellschaftlichen Druck – in der Regel heimlich – zu erhalten, wird er intensive lustvolle Phantasien haben.

Wenn ich mir die Frage stelle, was ich gerne sexuell erleben möchte, dann werde ich zunächst weniger von meinen praktischen Erfahrungen ausgehen, sondern vor allem von meinen sexuellen Phantasien. Die Phantasie ist ungleich freier als das Erlebte. Sie gibt mir die Möglichkeit, in die Bereiche des Unmöglichen und Phantastischen vorzudringen; Realitätsnähe ist keine zwingende Voraussetzung, Anpassung an Norm oder Nützlichkeit nicht erforderlich. Die Realitätsferne sexueller Phantasie deutet keineswegs auf Verschrobenheit oder Spinnerei, sondern zeigt meist den Mangel der Realität an. Erst die Vorstellung, «es könnte doch anders sein», erlaubt einen differenzierten Blick auf die Realität. Phantasien sind auch immer Kritik an der Realität.

Sobald wir den Bereich der Phantasie verlassen und uns einer realen Situation zwischen zwei Menschen zuwenden, wird die Frage nach dem eigenen Wollen problematisch. Zwar kann ich sagen: Ich «will» mit einem bestimmten Menschen dies oder jenes erleben, aber solange ich dies nur ausspreche, sprenge ich den Rahmen der Phantasie nicht. Ich drücke lediglich einen Willen aus. Sobald ich das Phantasierte aber in die Tat umsetze, gewinnt die Reaktion des anderen an Bedeutung. Stellen wir uns eine einfache Situation vor: Ein Mensch phantasiert, daß er einen anderen Menschen anschaut. Die Realisierung dieser Phantasie ist noch nicht sehr weit von der Phantasie selbst entfernt, solange es zu keinerlei Kontakt zwischen Schauendem und Angeschautem kommt. In einem Spiel, in dem zum Beispiel jemand heimlich angeschaut wird, ist es für den Angeschauten letztlich egal, ob er «tatsächlich» angeschaut wird oder nicht. Ihm reicht die Vorstellung, die feste Überzeugung, von einem anderen beobachtet zu werden.

Wenn es jedoch in der Phantasie um intensiveren Kontakt geht, dann wird die Realisierung bald den Bereich der Phantasie sprengen: Schon wenn das erotische Anschauen nicht mehr heimlich geschieht, sondern wenn sich die beiden Personen im selben Raum gegenüberstehen, gibt es unvorhersehbare Reaktionen: Wird die angeschaute Person ihre Unsicherheit, ihre Scham zeigen? Oder wird sie versuchen, sich in ihrem Körperausdruck zu stilisieren? Diese stets unvorhersehbaren Reaktionen der Spielenden verschaffen dem Spiel eine Eigendynamik und geben ihm einen Reiz. So sehr diese Eigendynamik als solche gewünscht wird, so wenig läßt sie sich phantasieren. Die Phantasie ist eine bewußte Form, sie ist abgesichert: Man kennt den Ablauf, man weiß, wie es ausgeht, und man weiß um das Folgenlose.

Eine Frau, die zum Beispiel Vergewaltigungs-Phantasien hat, wird sich fragen, ob sie bereit ist, ihre Phantasie von Ausgeliefert-Sein zu inszenieren oder ob sie es vorzieht, sich mit der Lust an unausgelebten, aber radikalen Phantasien zu begnügen. Solange sie sich damit zufriedengibt, ihre konventionelle, die gelebte sexuelle Praxis heimlich mit Bildern anzureichern, wird sie kaum den Drang entwickeln, ihre Phantasien zu spielen. Heimlichkeit und Lust bilden für sie eine Einheit. Erst wenn die eingefahrenen Muster und Rollen als öde empfunden werden, wird sie zu der Alternative gezwungen, entweder die eigenen Phantasiebilder zu benennen und umzusetzen oder sich immer mehr dem offen sexuellen Zusammensein mit anderen zu verweigern. Für die meisten Menschen stellt sich das Problem nicht, ob man Phantasien ausleben soll oder nicht, sondern auf welche Weise man sie lebt.

Jedes sexuelle Erleben ist von Phantasiebildern begleitet. Solange dies nicht bewußt ist, wird Sexualität als Ursache-Wirkungs-Schema erfahren. Erregung wird als Reaktion auf ein Sexualobjekt interpretiert. Man denke zum Beispiel an einen Mann, der über einem Pin-up-Foto onaniert und glaubt, durch das Bild erregt zu werden. Er vergißt, daß er Voraussetzungen mitbringt, um überhaupt von diesem und keinem anderen Bild erregt zu werden. Ein anderes erotisches Foto, etwa das Bild eines nackten Mannes, würde ihn vermutlich nicht interessieren. Nur wenn das Pin-up-Foto die Phantasien des Mannes anspricht, kann es ihn erregen.

Wenn jemand seine Phantasien nur wenig entwickelt hat, werden sie ihm kaum bewußt sein und tauchen momenthaft auf, sie werden schnell wieder verdrängt. Er hat sie vielleicht abends im Bett oder morgens nach dem Aufwachen, er könnte kein Wort darüber sagen. Nur in dieser Unbewußtheit ist der Gedanke möglich, das Sexuelle käme erst durch äußere Reize in die Welt.

Wer Sexualität nicht als Spiel mit Phantasien, sondern als Ursache-Wirkungs-Schema empfindet, weicht damit dem bewußten Eingriff und der Verantwortung aus. Wer die individuelle Phantasie leugnet, kann sich darauf berufen, nur zu reagieren. Er hat keinen eigenen Willen, er vollstreckt, er antwortet nur auf Zeichen. Wenn Sexualität jedoch phantasievoller wird, verliert sie den reaktiven Charakter auf ein Objekt. Nicht ein Objekt an sich ist sexuell oder erotisch, sondern die Vorstellung, die man sich von diesem Objekt macht.

Die Geringschätzung von sexueller Phantasie ist mit der Ächtung der Onanie verbunden, die immer noch nicht als eigenständige Form sexueller Lust wahrgenommen wird. Erst eine penetrationsfixierte Kultur entwertet die Onanie. Wenn ein Mensch also «nur» onaniert, besteht sein Hauptproblem nicht darin, daß die Onanie möglicherweise unbefriedigend wäre, sondern daß sie nicht als allgemein anerkannte, vollwertige Sexualität gilt. Wer diese Fixierung verinnerlicht hat, wird bei der Onanie stets daran denken, daß ihm ein Partner fehlt. Onanie gilt als infantile Handlung. Über den erwachsenen Onanisten lacht man schadenfroh, weil er offenbar keinen Sexualpartner hat. Daß jemand trotz Sexualpartner an der Onanie festhält und sich dazu bekennt, ist noch selten. Penetration und Onanie gelten immer noch als Alternativen, allzu häufig wird Onanie in Ehe oder Zweierbeziehung als Ausdruck einer Unzufriedenheit mit dem Partner gedeutet. Erst durch Phantasie gewinnt Onanie eine eigene Kraft. Dennoch gibt es viele Menschen, die davon überzeugt sind, ohne Phantasie zu onanieren: Sie empfinden Erregung und fingern sich die Spannung aus dem Leib. Wer vorgibt, keine Phantasie zu haben, dem ist – oft aus moralischen Gründen – seine Phantasie nur nicht bewußt. Kein Mensch ist erregt, ohne daß in seinem Kopf etwas geschieht. Und doch gilt Onanie als technischer Akt, der den Orgasmus einschließt, so daß viele Menschen jene sexuellen Phantasien, die sie vor dem Einschlafen haben, nicht als Onanie bezeichnen. Auch das bloße lustvolle Berühren des eigenen Körpers, das erregte Sich-selbst-Anschauen, das Experimentieren mit Fesselungen und Körperstellungen, mit subtilem Schmerz gilt ebensowenig als Onanie wie das reine Phantasieren.

Die Verachtung von Onanie und Phantasie folgt einer christlich-abendländischen Sicht, die alles Sexuelle im Bereich des rein Körperlichen ansiedelt. Die Fixierung auf Techniken, Praktiken, erogene Zonen, die den öffentlichen Diskurs über Sexualität bestimmt, ist Ausdruck einer einseitigen Veräußerlichung des Sexuellen unter Ausklammerung der Phantasie. Selbst wenn jemand zum Beispiel über Fesselungstechniken spricht und beschreibt, daß er mit einer bestimmten Peitsche geschlagen werden möchte, auf eine bestimmte Stelle in einem bestimmten Rhythmus, dann wird in einer so detaillierten Beschreibung die Phantasie unterschlagen. Für den Außenstehenden wirkt solch ein Begehren deshalb fremd und möglicherweise exotisch, weil keine Atmosphäre mehr vermittelt wird.

Die Inszenierung einer sexuellen Phantasie ist nicht mit der Phantasie identisch. Die Phantasie ist nur ein Ausgangspunkt. Daß sie exakte Bilder hervorbringt, mag der Autosuggestion dienen, die Situation als eine reale vorstellen zu können, nämlich zu vergessen, daß sie «nur» Phantasie ist. Sobald das Phantasierte realisiert wird, soll eine die Phantasie überschreitende Atmosphäre entstehen. Eine Frau hat zum Beispiel die Phantasie, zuzuschauen, wie ein nackter junger Mann auf eine bestimmte Weise gefesselt wird. Nachdem sie ihr Bedürfnis einige Male in die Tat umgesetzt hat, wird sie feststellen, daß es nicht die bloße Handlung ist, die ihre Lust steigert. Sie wird in der realen Situation durch die Reaktionen des gefesselten Mannes, durch seine bestimmte Art, sich zu wehren, erregt. Deshalb wird sie es im Vorfeld des Spiels unterlassen, dem Mann zu sagen, daß sie es besonders gerne sieht, wenn er sich auf jene bestimmte Art wehrt. Es ist für ihre Lust wichtig, daß der unterworfene Mann Reaktionen zeigt, ohne zu wissen, daß ihr gerade diese Reaktionen wichtig sind.

Wer seine sexuellen Phantasien kultiviert wird wissen, daß es dabei nicht um etwas Technisches geht, sondern vor allem um eine Atmosphäre. Diese gewünschte Atmosphäre ist allerdings sprachlich viel schwerer zu vermitteln als der technische Ablauf. Solange sich unser Begehren damit zufriedengibt, eine konkrete sexuelle Handlung anzustreben, haben wir es noch recht leicht. Stimmungen aber sind nur sehr bedingt herzustellen. Wir können sie nicht geplant hervorrufen. Selbst wenn wir die Atmosphäre nur mit uns allein leben wollen in einer lustvollen Phantasie, in der Onanie werden wir feststellen, daß ein solches Spiel das eine Mal sehr intensiv ist und das andere Mal oberflächlich. Unser Einfluß auf die Intensität ist begrenzt. Aber gerade diese Unmöglichkeit, Atmosphäre auf Wunsch hervorzurufen, macht sie zum Besonderen. Der Gedanke, über die eigene Sexualität und über Phantasien zu reden, schreckt immer noch viele Menschen ab. Sie haben Angst vor der

Unkonventionalität ihrer Phantasie und versuchen, Phantasie und Realität als zwei verschiedene Welten getrennt zu belassen. Ein Reden über sexuelle Phantasien ist allenfalls möglich, wenn die Situation als entsexualisiert gilt, wenn zum Beispiel eine Frau mit einer anderen Frau spricht. Damit wird vermieden, die Phantasie in die Nähe der Realität zu rücken. Die Unterdrückung der eigenen Phantasie geschieht oft mit dem Argument, es würde sich ohnehin nur um unrealistische Bilder, letztlich um Spinnerei handeln. Kaum jemand will sich mit Vorstellungen belasten, die als «pervers» gelten und zudem noch vollkommen unpraktikabel erscheinen. Wenn man sich ängstlich dem Ungewöhnlichen verschließt, verstärkt sich das Gefühl, Phantasie und Realität seien unvereinbar. Wer diese Kluft überwinden will, muß «Ich» sagen und seine eigenen Wünsche und Begierden vorbringen. Es gilt, sich zu eigenen Phantasien zu bekennen. Dieses Ich-Sagen auch gegen gesellschaftliche Normen macht Angst; deshalb verbleiben die meisten Menschen bei der Konvention. So brauchen sie nichts benennen und erhalten sich immerhin die Illusion des Spontanen. Die Angst vor der Phantasie ist ein Selbstschutz und dient dazu, einer schmerzhaften Ernüchterung über die konventionelle Sexualität auszuweichen.

Die verbreitete Sicht, Sexualität müsse spontan geschehen, also ohne darüber zu reden, bestärkt die Tabubeladenheit des Sexuellen: Wer sich auf das Spontane beruft, will das scheinbar Unsag- und Undenkbare unbedingt in seinem Zustand belassen. Schon das Wort «spontan» ist vereinfachend und grob. Jede Sexualität ist inszeniert. Nur vergessen die meisten, daß es ein Drehbuch gibt. Die Ideologie des Spontanen dient dazu, Verfügungsmöglichkeit und Spielcharakter, also bewußte Phantasie und Verantwortung zu leugnen. Wenn es einen spontan überkommt, darf vieles passieren, was sonst der moralischen Verurteilung anheimfiele. Moralisch besonders verwerflich waren schon immer jene sexuellen Handlungen, die etwas Durchdachtes und Inszeniertes hatten: Wer mit vollem Bewußtsein handelt, vergreift sich an der göttlichen Natur, sündigt gegen die Blindheit des Triebes. Die Mystifizierung spontaner Sexualität dient der Aufrechterhaltung arterhaltender Konvention.

In dem Wort, Sexualität müsse spontan sein, schwingt noch der Rest der Peinlichkeit mit. Nichts darüber sagen können heißt: der peinlichen Handlung nicht peinliche Worte und Gedanken hinzuzufügen. Versteht man Lust vor allem als unreflektierte Reaktion auf sinnliche Reize, bleibt die Phantasie ausgeklammert. Das Bewußtsein um eigene Phantasie differenziert jedoch schon im voraus die Vielfalt sexueller Reize und sucht nur jene, die den eigenen Bedürfnissen entsprechen. Wir kennen das Beispiel, daß ein Mann eine Frau von weitem sieht und sich durch ihre erotische Erscheinung erregt fühlt. Sobald er sie aus nächster Nähe sieht, verflüchtigt sich die Erregung. Nur in der Distanz lag noch die Möglichkeit von Phantasie und Spiel. Die Täuschung des Mannes bestand darin, daß er Phantasiebilder in die Realität übertrug. Nicht die Frau ist erotisch, sondern das Bild, das der Mann sich von ihr macht.

Genaugenommen, werden wir nicht durch eine andere Person erregt, sondern durch das Bild, das wir von dieser Person entwerfen. Deshalb ist unsere Suche nach Spannung und Erregung auch eine Suche nach solchen Menschen, die mit unseren Phantasien und Bildern zu tun haben. Viele Menschen unternehmen diese Suche unbewußt, sie bauen in ihren sexuellen Beziehungen Mechanismen ein, um sich die Idealbilder nicht zu zerstören. Sie bemühen sich instinktiv, keine große Nähe aufkommen zu lassen. Wir kennen jene Paare, die den Eindruck vermitteln, als hätten sie im Grunde gar nichts miteinander zu tun. Daß sie Distanz halten, kann dazu dienen, sich die Möglichkeit eines Idealbildes vom anderen zu bewahren. Ähnlich funktioniert ein Bild, das sich viele Frauen von ihrem festen Partner machen. Sie glauben, es würde ihm sehr leichtfallen, «viele Frauen zu haben». Der so charakterisierte Mann entspricht in der Wahrnehmung Dritter jedoch kaum dieser Zuschreibung. Der idealisierenden Frau ist nicht bewußt, daß sie dieses Bild selbst schafft. Sobald ihr dieser Mechanismus einer spannungerhaltenden Distanz jedoch bewußt wird und sie ihr eigenes Phantasiebild durchschaut, wird sie diese Distanz nur noch im Spiel erleben können.

Verbreitet ist die Erfahrung, daß ein Mensch allzuleicht an Attraktivität verliert, sobald man mit ihm eine sexuelle Beziehung beginnt. Das hat häufig weniger damit zu tun, daß man das Ziel der Eroberung erreicht hat, sondern mit dem Gespür, daß der Sexualpartner nicht so hinreißend und verführerisch, nicht so schön ist, wie man sich zuvor in der Phantasie ausmalte. Solange das Phantasiebild noch lebendig war, herrschte eine anregende Spannung, dann zeigt sich jedoch, daß der andere nur ein Abbild einer Phantasie war. Wir werden nicht durch eine Person erregt, wie sie wirklich ist, sondern immer durch unser Bild von ihr. Wie eine Person wirklich ist, interessiert unsere sexuelle Lust überhaupt nicht. Zwar werden wir versuchen, uns zu suggerieren, die Person sei auch so, wie sie uns erscheint, aber je bewußter wir unsere eigenen sexuellen Bedürfnisse wahrnehmen, desto klarer ist uns der notwendige Unterschied zwischen Schein und Sein. Es geht nicht um Authentizität, sondern um den Schein des Authentischen.

Sexualität wird erst lustvoll durch Gestaltung und Nuancierung. Sobald Lust aus ihrer Abhängigkeit vom Zufall befreit wird, erweist sie sich als stilisiert. Sexuelles Erleben ist um so mehr inszeniert, je differenzierter die Bilder sind, je bewußter sie wahrgenommen und erinnert werden, je unproblematischer sie besprochen werden können, ohne ihr Geheimnis zu zerstören. Das Drehbuch ist ohnehin da. Wer versucht, es nach den eigenen Bedürfnissen zu schreiben, erkennt, daß Sexualität Spiel ist. Was natürlich ist, interessiert nicht mehr. Die Phantasie inszeniert, wie Natur inszeniert. In der inszenierten Sexualität verschmelzen Bewußtsein und Rausch.

Die Flucht
vor der Spannung

Umgangssprachliche Wendungen wie «Es ist nicht mehr auszuhalten» oder «Nur noch eins im Sinn haben» zeigen, daß es darum geht, die Spannung loszuwerden. Für viele Männer ist Spannung gleichbedeutend mit Qual. Wenn sie eine sexuelle Spannung verspüren und erregt sind, drängt es sie, diese Spannung loszuwerden. Was sie wollen, wollen sie sofort, da bleibt kaum Platz für langsame Annäherung, für Phantasie oder Spiel.

Ein Mann, der diese Situation kennt, hat irgendwann in seiner Kindheit oder Jugend verinnerlicht, daß Spannung eine Qual ist, von der man sich befreien muß. Diese Sicht ist ihm so selbstverständlich geworden, daß er sich einen anderen Umgang damit gar nicht vorstellen kann. Die Konvention suggeriert, daß herumgeschleppte Spannung sowohl psychisch als auch körperlich schädlich sei. Bekanntlich hat der Begriff Spannung in der Umgangssprache einen negativen Beigeschmack. Wenn jemand sagt, in einer Beziehung zwischen zwei Menschen würden Spannungen herrschen, dann ist etwas Unangenehmes gemeint. Dennoch empfinden viele Menschen Spannung als Lebendigkeit. Sie gehen davon aus, daß nur Spannung Intensität verspricht.

Obwohl wir zum Beispiel die spannungsreiche Phase einer unausgesprochenen Verliebtheit mystifizieren, überwiegen im Verhalten jene Mechanismen, die dazu dienen, dieser Spannung aus dem Weg zu gehen. Die meisten Menschen erfahren Spannung am liebsten beim Anschauen eines Filmes und beim Lesen eines Romans, nicht im eigenen Leben. Obwohl die spannende Phase der Verliebtheit besonders intensiv ist, versuchen Paare nur allzuoft, diese Phase schnell hinter sich zu bringen – als sei das Kennenlernen nur ein notwendiges Übel zur späteren festen Beziehung. Nicht selten reden zwei Menschen, die sich erst seit einigen Wochen kennen, schon davon, sie seien zusammen, so, als sei schon alles geklärt. In der Furcht vor der Spannung suchen sie Klärung und Wahrheit.

Denselben Mechanismus können wir beobachten, wenn Menschen, die sich gerade kennengelernt haben, noch am selben Abend zur sexuellen Handlung drängen. Diese Plötzlichkeit verspricht nicht unbedingt ausschweifende Lust, sondern kann zur Einebnung führen. Plötzlichkeit kann ein Unvermögen sein, die Spannung zu erhalten und zu steigern. Sie entspringt dem Bedürfnis, eine quälende Spannung loszuwerden. Intensität wird nicht zugelassen. Für das Erhalten der Spannung, für die Steigerung des Davor, für ein Zurückweisen von Festlegung und Sicherheit bleibt kein Raum. Vielen Menschen scheint die Lust am Experiment zu fehlen – nämlich auszuprobieren, wie lange eine Spannung ausreicht, um eine emotionale Bindung aufrechtzuerhalten, wie lange man auf ersichtliche, festgeschriebene Bindung verzichten kann.

Wer den Eigenwert der Spannung entdeckt, empfindet Lust daran, den spannungslösenden Reflex herauszuzögern, den erregten Zustand selbst und nicht die Beendigung dieser Erregung als höchste Lust wahrzunehmen. Nur die Lust an der Spannung vermittelt jenes ekstatische, rauschhafte, ersehnte und zugleich unerträgliche Gefühl, in dem man der Situation völlig ausgeliefert sein kann. Während die Intensität dieser Spannung von individuellen Bildern oder Phantasien abhängig ist, ist die Entladung kurz und bilderlos.

Eine genital fixierte Sexualität, die auf den bekannten Akt zielt, favorisiert die Entladung und nicht die Phantasie. Sie ist eine Flucht vor der Spannung. So wie die Norm der Penetration die Körper kolonialisiert, so wird auch Spannung als Qual empfunden. Der auf diese Weise geprägte Mensch erfährt sein Bedürfnis, die Spannung zu lösen, als einen lebensnotwendigen Reflex. Solange er über Instinkt und Reflex nicht nachdenkt, kann er nur unmittelbar und spontan reagieren. Und wer instinkthaft auf einen sexuellen Reiz reagieren muß und kein Sexualobjekt zur Verfügung hat, wird unter dem Mangel leiden. Ein Mensch, der nur den Reflex sucht, gleicht einem Ausgehungerten, der sich den Bauch vollschlagen möchte.

Der moderne Mensch erkennt jedoch immer klarer den Eigenwert der Spannung. Da jedoch Spannung unerträglich sein kann, sind Fluchtmöglichkeiten entstanden, um der Ausschweifung Einhalt zu gebieten. Wo scheinbare Naturzwänge überwunden werden, ist der dadurch verunsicherte Mensch stets empfänglich für neu definierte Regeln und Ordnungen. Erst als durch die sinnliche Phantasie der Eigenwert der Spannung bewußt wurde, entstand als Gegenreaktion jener groß angelegte, kulturelle Versuch, die sinnliche Welt soweit wie möglich zu meiden. Von Platon bis zu modernen akademischen Haltungen reicht die Weisung, daß wir uns in einer abstrakten Welt wohl fühlen sollen, daß die Theorie heilig ist und das Lebendige Täuschung. Als Lohn für den Verlust sinnlicher Ausschweifung wird uns die Wahrheit angeboten. Wahrheit ist die weitestgehende vergeistigte Form einer Flucht vor Spannung.

Die dem rein geistigen Ideal entsprechende Imagination wurde als göttlich gefeiert, während die sinnliche Phantasie moralisch bekämpft wurde. Nur in dieser Vereinseitigung des Denkens zugunsten des Abstrakten war es möglich, daß sich der Mensch trotz heftiger Aufklärung über seine Umwelt weiterhin naiv – also unhinterfragt – dem Programm der Fortpflanzung unterwerfen konnte. Der Mensch wurde abstrakter in seinem Denken, eignete sich kompliziertes Wissen an, sublimierte, rationalisierte, wähnte sich jenseits von Irrationalität und Trieb. Aber unter der Bettdecke, jenseits des rationalen Ideals, tat er Dinge, die er nicht zu hinterfragen wagte. Er brüstete sich seiner geistigen Fähigkeiten und mußte doch seine sinnlichen, sexuellen Phantasien tabuisieren.

Wenn man in einigen nicht-modernen Kulturen die Menschen fragen würde, wann sie sich besonders freuen, dann würden sie vielleicht sagen «Am Geburtstag des Königs» oder zumindest doch «Am eigenen Hochzeitstag». Für diese Menschen ist der Begriff Freude an eine Konvention gebunden. Für ihre innerste, persönlichste Freude hätten sie keinen Begriff. Durchaus ähnlich werden auch in unserer Kultur Personen antworten, die nur wenig über ihre Gefühle nachgedacht haben. Auch sie werden, wenn man von ihnen die Beschreibung eines individuellen Gefühls erhofft, mit Gemeinplätzen aufwarten. Das gilt auch, wenn man sie nach ihrer sexuellen Lust fragt. Das Reden über sexuelle Lust konnte sich nur deshalb so lawinenartig ausbreiten, weil sie nicht als individuelles Gefühl, sondern stets in bezug auf eine allgemein festgelegte Handlung interpretiert wird. Obwohl der Begriff Lust den Anspruch hat, ein eigenes Gefühl zu beschreiben, wird er allzu häufig nur im Verbund mit Normen oder Klischees benutzt. Eine bestimmte Handlung, die jedem Menschen Lust bereitet, gibt es jedoch nicht. Überhaupt hat individuelle Lust niemals mit einer bloßen Handlung zu tun: Lust ist nicht Automatismus; sie ist niemals mit dem Reflex identisch, sondern ergibt sich erst in der Gestaltung von Reflex, Instinkt und Trieb. Vor allem, wenn der Reflex nicht – oder zumindest nicht selbstverständlich – ausgelöst wird, ist Lust möglich. Ohne Erschwernis gibt es keine Lust. Lust muß etwas überwinden, um sich zu steigern. Ein Mann, der zum Beispiel jederzeit und völlig unproblematisch mit einer Frau den gewünschten sexuellen Kontakt haben könnte, würde in der Regel bald die Lust verlieren, weil sein Reflex keinen Widerstand hätte. Um die Lust nicht zu verlieren, müßte er sich selbst Regeln setzen, sich selbst disziplinieren. Vielleicht wünschen sich viele Männer eine allzeit bereite Frau und erhoffen sich auf diese Weise eine unproblematische Sexualität. Doch dieser Traum hat kurze Beine, in ihm schwingt die Ideologie einer sexuellen Freiheit aus den sechziger Jahren mit. Unter der Last einer als hochproblematisch empfundenen Sexualität, die vor allem durch Mangel bestimmt ist, sehnen sich viele Menschen nach einer lockeren, leichten und bequemen Lust. Was als Befreiung deklariert wurde, ist die von vielen unbemerkte Fortsetzung einer langen christlich-rationalistischen Tradition. In der Fixierung auf das Leichte und Spontane geht die sexuelle Spannung als entscheidendes luststeigerndes Moment verloren.

Erst im Eingriff in den Reflex entsteht individuelle Lust. Stärker als andere Lebewesen ist der Mensch gezwungen, auf den unmittelbaren Zugang zum Sexualziel zu verzichten, den Instinkt zu strecken und zu dehnen. Diese Dehnung kann er als Qual, aber auch als Lust empfinden oder auch als beides zugleich. In der Spannung werden die Menschen verführbar; gehandelt wird nicht mehr vorwiegend nach vernünftigen Kriterien. Naheliegend, daß solch eine Gestimmtheit in unserer Kultur keinen Wert erlangt, wo doch Einsicht, Begründung, Moral und Wahrheit gefordert werden. Unsere Kultur propagiert nicht die Spannung, sondern ihre Beendigung, die Klärung der Verhältnisse. Im Bereich der Sexualität erfolgt diese Klärung in der verbreiteten Deutung des Orgasmus-Aktes als höchster Lust und durch eine Moral, die sexuelle Beziehungen in Einklang mit Ehe oder Zweierbeziehung setzt. So wird die Spannung in geordnete Bahnen gelenkt und ordnet sich bald einer Alltäglichkeit und Gewohnheit unter.

In der Flucht vor der Spannung werden sexuelle Erfahrungen entsexualisiert. Wer eine Situation entsexualisiert, leugnet ihren sexuellen Charakter, läßt sie nur als eine asexuelle zu. Der Begriff Entsexualisierung mutet ungewöhnlich an, weil wir gewohnt sind, unsere Kultur als übersexualisiert wahrzunehmen. In der modernen Gesellschaft entsprechen sich jedoch Über- und Entsexualisierung. Übersexualisiert sind jene Bereiche, die der Erhaltung normaler Rollen und Handlungen dienen sollen, entsexualisiert sind dagegen etliche Bedürfnisse und Empfindungen, die von der gewöhnlichen Sexualität abweichen.

Das läßt sich besonders gut am Beispiel der Homosexualität zeigen. Der normale heterosexuelle Mann wird einen anderen Mann nicht für erotisch halten. Er wird ihn nackt sehen, ihn unter der Dusche einseifen, neben ihm stehen und gemeinsam pissen. Doch das alles erscheint ihm gar nicht sexuell. Das Sexuelle ist noch amorph und bilderlos, es weiß von sich noch nichts. Je stärker der beschriebene Mann seine sinnlichen Erfahrungen mit individuellen Phantasien assoziiert, desto mehr Wahrnehmungen wird er als sexuell verstehen. Wir kennen das Erstaunen, das wir haben, wenn wir aus Mitteleuropa in eine weniger moderne Kultur reisen und sehen, wie sich dort Männer umarmen, an den Händen halten und küssen. Sie pflegen viele Umgangsformen, die für uns sexuell sind. «Sind die denn alle schwul?» denken wir vielleicht zuerst. Uns erscheint das, was sie tun, als homosexuell, doch sie selbst haben keinen Begriff davon. In solch einer Kultur wird Homosexualität streng verfolgt, und unter eben den Männern, die uns homosexuell erscheinen, ist ein radikaler Haß auf Homosexuelle durchaus verbreitet. Nicht die Handlung ist das Verbotene, sondern das Erkennen und Benennen dieser Handlung als sexuell. Somit ist in jener Kultur weniger der Homosexuelle, sondern der bewußte Homosexuelle eine soziale Gefahr, weil er dem Amorphen die Imagination hinzufügt, weil er das überlegt und gezielt tut, was alle anderen blind ausführen. Daß die soziale Ächtung der Homosexualität niemals die spontane, also die unbewußte Homosexualität meint, sondern sich stets gegen die bewußte Ablehnung sexueller Norm wendet, ist offensichtlich. Solange ein homosexuell aktiver Mann in solch einer Kultur ein normales Ehe- und Familienleben führt, wird seine Homosexualität als Freundschaft oder Zärtlichkeit entsexualisiert. Erst wenn er der heterosexuellen Norm nicht mehr Folge leistet, wird seine Umwelt mißtrauisch.

Sowohl in nicht-modernen Kulturen als auch bei unaufgeklärteren Menschen in der modernen Kultur gilt nur der Geschlechtsakt als sexuell. Bei dieser Feststellung muß jedoch einschränkend gesagt werden, daß solche Kulturen und Menschen gar keinen Begriff von Sexualität haben, da die sexuelle Handlung nicht als etwas Eigenständiges erkannt ist, sondern immer in bezug zum Sozialen (z. B. zur Ehe) gedeutet wird. Der Begriff Sexualität entsteht erst im Bewußtwerden über eigenständige Lustformen jenseits des Fortpflanzungszwanges. Je weniger differenziert ein Mensch seine sexuellen Bedürfnisse wahrnimmt, desto weniger macht der Begriff Sexualität Sinn, denn er ist im Grunde nur ein Synonym für den gewohnten Akt. Insofern ist die Abweichung in nicht-moderne Haltungen so lange nicht untersagt, als sie nicht den sozialen Status des Sexuellen bedroht und jenseits von Benennbarkeit und Reflexion geschieht.

Je weniger modern eine Kultur ist, desto ungenauer trifft der Begriff Sexualität jene Gefühle und Probleme, die die Menschen im Umgang miteinander haben. Das Prinzip der Arterhaltung spielt in solch einer Kultur eine universale Rolle: Vergewaltigung wird zum

Beispiel erst durch Aufklärung als Problem benannt, während sie in früheren Kulturen vor allem als Regelverstoß bezüglich Besitzrecht und Fortpflanzung gedeutet wurde. Auch heute ist der anachronistische Begriff Schänden geläufig. Daß ein Mann eine Frau schändet, ist nach diesem Begriff nicht für ihn – wie wir heute annehmen könnten –, sondern für die Frau eine Schande. Der Schänder fügt der Frau eine Schande zu: nicht etwa, weil er – wie wir heute denken würden – etwas gegen ihren Willen tut oder sie demütigt, sondern weil er ihr möglicherweise «sein» Kind einzwingt. Der Begriff Schänden sagt nichts über psychische Verletzung. Das psychische Problem der Frau wurde in früheren Kulturen kaum beachtet. Es ging um Schindluder mit der Fortpflanzung, weil der Schänder sich nicht an die Arterhaltungsregeln hielt. Die Schande traf die Frau beziehungsweise ihre Familie oder ihren Ehemann. Da man der Frau bis vor hundert Jahren eine eigene Sexualität absprach, konnte mit einer Vergewaltigung auch nicht ihr sexuelles Empfinden getroffen werden, sondern nur ihre spätere Mutterschaft. Als das wirkliche Opfer wurde also ihr Mann angesehen, dem möglicherweise die Fähigkeit zur Fortpflanzung für einige Zeit genommen wurde. Vor allem wo sexuelle Aktivität unmittelbar mit Fortpflanzung zu tun hatte, schlugen Gesetz und Moral zu. Wo keine Verbindung zwischen Handlung und Arterhalt auszumachen war, konnte man lange Zeit nichts Sexuelles erkennen. Zum Problem konnten abweichende Handlungen erst werden, als sie in Konkurrenz zur Arterhaltung auftraten.

So ist auch Nacktheit um so weniger problematisch, je archaischer Kulturen sind. Wir kennen Völker, in denen Männer und Frauen öffentlich zusammen nackt sind, ohne daß dies eingeschränkt ist. Das Problem mit der Nacktheit entsteht erst, wenn man sie in einen Bezug zur Fortpflanzung bringt; und dies ist in den sogenannten Hochkulturen auch stets geschehen. Erst hier können Männer oder Frauen nur noch getrennt voneinander unproblematisch nackt sein, und der Anblick einer nackten Frau durch den Mann gilt als Zeichen für den Akt. Durch dieses Verbot wird die Nacktheit erst recht oder überhaupt erst sexualisiert.

Der moderne Mensch kann Nacktheit – auch unter Gleichge-schlechtlichen – als sexuell oder erotisch empfinden, weil er sie von der Fortpflanzung trennt. Dieses Wissen um Empfindung be-deutet zunächst, daß Nacktheit nicht mehr unproblematisch sein kann. Erst wenn wir eine sexuelle Handlung auch als Ausdruck einer Phantasie verstehen, gewinnen wir ein Gespür dafür, daß sie sexuell ist. Wir erkennen, daß wir nicht nur unmittelbar auf einen Reiz antworten, sondern daß es eine Voraussetzung in uns geben muß, die uns überhaupt dazu bringt, eine bestimmte Wahrneh-mung als sexuellen Reiz zu erfahren. Erst wenn wir wissen, was uns sexuell erregt und was nicht, können wir das sexuelle Empfin-den von anderen Empfindungen – von dem der freundschaftlichen oder zärtlichen Zuneigung oder vom sozialen Pflicht-Akt – unter-scheiden.

Deshalb ist der kulturelle Versuch, möglichst viele sexuelle Ver-haltensweisen als solche unerkannt zu lassen, eine Flucht vor Phan-tasie und Spannung. Als Freud vor etwa hundert Jahren die These aufstellte, auch Frauen hätten eine Sexualität, wurde er von seinen Ärztekollegen ausgelacht. Im 19. Jahrhundert galt die Ansicht als selbstverständlich, daß Frauen gar keine sexuellen Empfindungen haben. Wir wundern uns heute, daß sowohl Männer als auch Frauen diese Ansicht teilten: Waren sie so stumpf? Merkten sie nichts? Der Grund für die Verdrängung der weiblichen Sexualität hat mit einer kulturell kanalisierten Form der Ausdeutung von Ge-fühlen zu tun. Natürlich kannte die Frau des 19. Jahrhunderts sexuelle Lust. Aber sie durfte ihre Lust nicht sexuell nennen, ähnlich wie der Homosexuelle in einer nicht-modernen Kultur. Sie mußte ihr Empfinden auf eine andere Weise interpretieren – als Zuneigung oder Liebe oder auch als Aufopferung. Die Vorstellungen und Bil-der, die sie sich im Zusammenhang mit ihrer unbenennbaren Sexua-lität machte, sollten entsexualisiert sein. Und da die meisten Frauen diese Bilder verinnerlichten und kaum den Mut hatten, sich offen sexuelle Phantasien einzugestehen, war der Schluß naheliegend, Frauen hätten gar keine Sexualität.

Die Geschichte der weiblichen Sexualität zeigt, daß eine Frau, die ihre Sexualität nicht einmal als sexuell wahrnimmt, jede tatsächlich erlebte Spannung verachten muß. Es ist naheliegend, daß sie sich leicht der Erwartungsnorm unterwirft. Solange eine Frau ihre «egoistischen» Begierden entsexualisiert und als Liebe oder Aufopferung interpretiert, stellt sie ihre Bedürfnisse in einen sozialen Kontext. Die sexuelle Unbewußtheit der Frau war dem Mann eine Zeitlang dienlich; erst mit zunehmender Aufklärung wurde sie ihm zum Hindernis. Die Frau lernte, daß sie keine gute Frau ist, wenn sie – wie im 19. Jahrhundert oft geschehen – in der Hochzeitsnacht, beim ersten Anblick des männlichen Organs – schreiend aus dem Zimmer lief oder ohnmächtig zusammenbrach. Sie lernte, daß sie eine gute, begehrenswerte Frau ist, eine geliebte Frau, wenn sie ruhig bleibt und den Mann gewähren läßt, was auch immer er tut. Sie lernte, eigenes Bedürfnis vorzuspielen, wo sie doch oft Apathie und Aversion empfand. Von der Frau wurde offen sexuelles Verhalten erwartet: Erst jetzt konnte sie nicht mehr davor zurückweichen, ihr eigenes Empfinden sexuell zu nennen. Erst die Vorstellung davon, daß etwas sexuell ist, daß es sich von Liebe und Aufopferung unterscheidet, führt zur Frage nach individuellen sexuellen Bedürfnissen.

Die Geschichte der männlichen Sexualität hat durchaus vergleichbare Elemente; obwohl viel weniger auf Liebe und Aufopferung getrimmt, entsexualisiert auch der Mann: in der Fixierung auf die genitale Sexualität. Manche Frau wird die Erfahrung gemacht haben, daß sie einen Mann danach fragt, welche Berührung er als besonders lustvoll empfindet. Zunächst hat er möglicherweise große Schwierigkeiten, Näheres darüber zu sagen, doch wenn die Frau eindringlich weiterfragt, an welcher Stelle des Körpers er wohl am liebsten berührt werden möchte, dann wird der Mann schließlich antworten – so, als sei das doch selbstverständlich und die Frage überflüssig: «Natürlich am Schwanz, wo sonst?» – In vielen Fällen wird jedoch gerade eine direkte Berührung nicht zur erhofften Reaktion führen. Lust entsteht nicht bloß mechanisch, sondern durch eine spannungsvolle Atmosphäre, die nur allzuoft durch eine zielgerichtete Berührung des

Genitals zunichte gemacht wird. Vielleicht wird der Mann eine Erektion bekommen, wenn die Frau ihn flüchtig, aber bestimmt an der Hüfte berührt, an der Innenseite der Oberschenkel oder am Hintern.

Warum aber glaubt der Mann, die Berührung des Genitals würde ihn am meisten erregen, obwohl er doch andere Erfahrungen macht? Offenbar nimmt er seine sexuellen Empfindungen gar nicht bewußt wahr. Er erfährt die Erregung als einen technischen Vorgang, weil er sich der Atmosphäre und Spannung, die jeder Erregung vorausgehen, nicht bewußt ist. Nur der genitale Akt gilt als sexuell, und infolgedessen können auch nur jene Berührungen als sexuell wahrgenommen werden, die unmittelbar und direkt mit diesem Akt zu tun haben.

Sexualität und Liebe als notwendig verknüpft zu sehen ist in unserer Kultur vor allem bei Frauen verbreitet. Die meisten Frauen lehnen eine Sexualität ohne Liebe ab. Der Grund für diese Ablehnung liegt weniger darin, daß das Gefühl der Liebe eine tatsächliche Voraussetzung für sexuelle Lust ist, sondern im verbreiteten männlich-reduzierten Sex, dem viele Frauen nicht viel abgewinnen können. Viel häufiger als für Männer bedeutet Liebe für Frauen eine Atmosphäre, die das Sexuelle erst lustvoll macht.

Die Psychologie Freuds deutet die Trennung von Sexualität und Liebe als Ausdruck einer männlichen Konzentration alles Sexuellen auf das Genitale, während Frauen – so Freud – ihre viel weniger genitalfixierte Lust leichter mit anderen Empfindungen verknüpfen können. Freud fragt nicht, warum das so ist. Er hat klare Bilder von männlich und weiblich. Tatsächlich hat die sexuelle Rolle, die dem weiblichen Geschlecht in unserer Kultur zugeordnet wird, für viele Frauen nur allzu leicht etwas Verletzendes. Ohne Liebe würden sie ihre Hingabe an einen entladungsgierigen Mann als Entwürdigung empfinden. Die Verknüpfung von Liebe und Sexualität dient Frauen dazu, den sozial erniedrigenden Gehalt gewöhnlicher Sexualität aufzuheben oder zu relativieren. Daß viele Frauen dieser Verknüpfung bedürfen, zeigt nur, wie männlich-machtorientiert die sexuelle Norm ist.

In einer sexuellen Situation empfinden viele Frauen vermutlich viel leichter als ihr Partner ein Gefühl, das sie Verliebtheit nennen. Sie tun dies, weil ihnen der rein technische, phantasielose Sex nicht reicht. Es ist Teil ihrer Rolle, dafür zu sorgen, daß es nicht nur um Sex geht. Da sie dem atmosphärelosen Akt nicht viel abgewinnen, wird ihnen das Gefühl der Liebe weitaus authentischer erscheinen als das der sexuellen Lust. Auch Männer, die der sexuellen Norm wenig abgewinnen und sich zugleich von abweichenden Formen sexueller Lust fernhalten, werden eine ähnliche Fixierung auf Liebe entwickeln. Liebe rückt an die Stelle der Unfähigkeit, eine eigene Sexualität zu leben. Wenn Liebe auf diese Weise zum Automatismus wird, bleibt sie auf unerträgliche Weise mit sexuellem Mangel verknüpft.

Jede Sexualmoral bindet Sexuelles an soziale Gefühle wie Liebe, Nähe oder Zärtlichkeit. Wenn eine Frau sagt, sie könnte nur dann sexuell erregt sein, wenn der Mann sehr zärtlich ist, dann ist gerade der Wert des Zärtlichen für die Frau ein Beweis dafür, daß der Mann nicht nur Sex will. Aus Erfahrung weiß sie vielleicht, daß ihr solche Männer, die nur das eine tun und sonst nichts, unsympathisch oder gar eklig sind. Wenn nun ein Mann aber auch zärtlich ist, dann wird sie eher das Gefühl haben, kein bloßes Objekt des männlichen Orgasmuswahns zu sein. Der Schluß, den viele Frauen aus ähnlichen Erfahrungen ziehen, lautet: Sexuelle Lust ist für sie nur über Zärtlichkeit möglich. Darin liegt allerdings eine moralische Täuschung, ein Trugschluß. Tatsächlich verhält es sich so, daß viele Frauen nur dann Lust empfinden können, wenn sie sich nicht verachtet oder gedemütigt vorkommen. Zärtlichkeit deuten sie als Zeichen, um solche unangenehmen Begleiterscheinungen zu mindern oder auszuschließen.

Wo Sexualität an Liebe geknüpft wird, geschieht nämlich meist auch das Umgekehrte. Allgemein wird erwartet, daß zwei Menschen, die ineinander verliebt sind, über kurz oder lang – wie man so sagt – miteinander ins Bett gehen. Wenn einer von beiden sich lustlos zeigt, dann wird dies meist als Mangel an Zuneigung, gar als Mangel an Verliebtheit gedeutet.

Konventionellerweise wird das Gefühl der Verliebtheit mit dem sexuellen Akt verknüpft. Wer jedoch seine Bedürfnisse davon löst, allgemeinen Mustern gerecht zu werden, wird vielleicht die Erfahrung kennen, daß eine intensive Verliebtheit gerade nicht nach einem reglementierten Verlauf strebt, daß sie durch den Vollzug des Aktes eher beschädigt als beflügelt wird. Wer so empfindet, wird diese automatische Verknüpfung auch als Belastung des Gefühls der Liebe wahrnehmen. Deshalb ziehen es viele Menschen vor, heimlich oder aus großer Distanz – in jedem Fall aber fernab jeder praktischen Sexualität – Verliebt-Sein zu erfahren.

Die Forderung, Sexualität mit Liebe und Zärtlichkeit zu verknüpfen, hat vor allem den Sinn, die von der Norm abweichenden Lüste zu unterdrücken. Ein Mensch, der zum Beispiel von einem anderen gefesselt und mit heißem Wachs beträufelt werden möchte und dabei das Gefühl erlebt, gefoltert zu werden, wird in diesem Moment nicht unbedingt von einem «Liebesakt» sprechen. Gewiß können sich die Folter-Spielenden genauso lieben wie die Vetreter der Normalität. Das ist jedoch dem «Normalen» oft nicht eingängig, weil er in einer sexuellen Handlung auch ein offensichtliches Zeichen für «Liebe» erfahren möchte: Im Rahmen des normalen Aktes können sich die Partner durch ein Zuflüstern von «Ich-liebe-dich!»-Synonymen den Zeichencharakter des Geschehens beweisen. Dagegen werden die Folter-Spielenden ihre Zuneigung als Voraussetzung dafür empfinden, überhaupt ein Spiel fernab von Liebe und Zärtlichkeit miteinander zu wagen.

Aus der Sicht der Normalität kann eine «perverse» Handlung niemals ein Zeichen von Liebe sein. Wie oft deuten Psychologen abweichende Formen der Sexualität auch heute noch als Mangel an Liebesfähigkeit! Vielleicht haben etliche Menschen die Erfahrung gemacht, daß sie gerade bei einem Sexualpartner, in den sie nicht verliebt waren, eine besondere Experimentierfreude zeigten und durchaus Abweichendes ausprobierten – weil sie zu diesem Menschen stets eine große Distanz hatten, weil sie zu ihm ohnehin keine Dauer anstrebten und auf diese Weise mehr Mut zum Risiko hatten. Oft haben Menschen gerade bei dem, den sie lieben, moralische

Skrupel, «pervers» erscheinende Phantasien auszuleben. Ein bestimmter Begriff von Liebe ist mit Assoziationen verknüpft, die der Aufrechterhaltung sexueller Norm dienen. Wer von der Norm abweicht und trotzdem liebt, ist gezwungen, sein Gefühl der Liebe und seine Vorstellung von Dauer neu zu bestimmen, da ihm die bekannten Muster kein Vorbild mehr bieten können.

Bedürfnis nach Zärtlichkeit ist das Bedürfnis zwischen zwei Gleichen, sexuelle Lust dagegen das Spiel zwischen zwei Verschiedenen. Wer zärtlich ist, spricht unausgesprochen von Nähe, Liebe und Dauer. Nähe, Liebe und Dauer sind Werte, die im normalen heterosexuellen Akt eine große Rolle spielen und als soziale Komponenten einen Kompromiß zwischen ansozialisierten männlichen und weiblichen Bedürfnissen bedeuten.

Sexuelle Spannung ist nicht Liebe und nicht Zärtlichkeit. Sie ist schon gar nicht etwas Soziales. Wo Liebe und Zärtlichkeit das Sexuelle dominieren, sollen sie meist dazu dienen, Spannung abzubauen. Der Abbau von Spannung ist jedoch nur wichtig, solange sexuelle Rollen untrennbar mit sozialen verknüpft sind. Wo unser Bedürfnis das Sexuelle noch nicht vom Sozialen trennen kann, bewegt sich die Sexualität in einem konventionellen Rahmen, der – sobald er als Klischee erkannt ist – jede Intensität hemmt. Erst der Herr, der dem Sklaven die Peitsche gibt und sagt: «Spiele du den Herrn!», versteht etwas von Ausschweifung, nicht aber der konventionelle Herr, der nur in seiner Rolle befangen bleibt. Und nur derjenige Sklave kann seine sexuelle Lust leben, der keinen Grund mehr hat, sich tatsächlich als Sklave fühlen zu müssen. Solange er «real» Sklave ist oder so empfindet, wird er allenfalls die Liebe seines Herrn erstreben und sich auf dieser Grundlage ein Fünkchen sexueller Lust ermöglichen. Intensive Lust an Spannung ist nur möglich, wenn das Spiel sexueller Macht und Ohnmacht nicht durch soziale beziehungsweise geschlechtsspezifische Rollen beeinträchtigt wird.

Moderne Rationalität bedeutet geschichtlich: Flucht vor existentiellen, den Menschen tief bewegenden Fragen. Verkürzte Antworten dienen einem Weltbild, dessen Ziel Naturbeherrschung ist. Die Ratiogläubigkeit steht im Einklang mit einer glättenden, eindimensionalen Sexualität. Indem Empfinden und Erkennen in tiefer Distanz gehalten werden, erfolgt ein allgemeines Gelöbnis auf spannungslösenden Akt. Nur weil die Menschen im Glauben an abstrakte Wahrheiten emotional verarmt sind, mystifizieren sie den einen sexuellen Akt. Der rationalistische Mensch erweist sich in seiner Flucht vor Spannung als naiv und unaufgeklärt. Die meisten Menschen gehorchen der Norm nicht etwa, weil sie so ungeheuer viel Lust bereitet, sondern weil ihnen nichts anderes einfällt. Daß das so ist, ist im Sinne der Fortpflanzung. In gewisser Weise geschieht Fortpflanzung heute blinder als je zuvor. Viele Menschen wissen selber nicht mehr so recht, warum sie überhaupt das eine wollen. Aber aus einem inneren Zwang «müssen» sie es, Sisyphusarbeit, die sich den Menschen als «Lust» einhämmert.

Flucht vor der Spannung: Unter diesem Aspekt kann man die abendländische Kultur beschreiben. Vor allem der Mann glättete seine sexuelle Lust, indem er sie auf den Orgasmus-Akt fixierte. In dieser rationalistischen Verengung geriet die Sexualität zum technischen Akt. In der Regel üben Männer schon als Jugendliche eine Rolle ein, die den Körper als Machtinstrument darstellt. Sofern sich ein Mann dieser Verengung des Körperlichen unterwirft, vermag er nur jene Atmosphäre als lustvoll zu empfinden, in der er Macht, Selbstbeherrschung, letztlich Naturbeherrschung bewahrt.

Wo Männer nicht «wollen», da fliehen sie oft. Wo auch nur der Verdacht aufkommen könnte, daß etwas mit ihnen geschieht, da reagieren viele mit Sturheit oder Aggression. Es gibt Mechanismen, mit deren Hilfe es ihnen gelingt, ziellose sexuelle Spannung zu meiden. Sie begingen den größten Frevel an Lust und Intensität, indem sie sich zum Subjekt erklärten und sich so die Möglichkeiten der Ohnmacht und des Ausgeliefert-Seins nahmen. Ausgeliefert wurde in unserer Kultur stets die Frau. So gesehen stellt sich die männliche Kultur als eine gigantisch inszenierte Flucht vor Spannung dar; sie ist auf Angst gebaut. Während sich der Mann um bestimmte Lustmöglichkeiten radikal beschneidet, kann die Frau ihre spannungsvolle Lust zwar bewahren, jedoch für den hohen Preis, dafür mit einer sozial festgelegten Rolle zu bezahlen. Seit Jahrhunderten dient die Verachtung der Spannung dazu, das Zusammensein der Menschen zu regeln. Je mehr wir uns jedoch als Individuen verstehen, desto geringer empfinden wir die Notwendigkeit, uns diesen traditionellen Mustern anzupassen. Die gewohnte Vorgabe wird zur Last und beschränkt die Sensibilität.

Männer töten oft die Begierde nach lustvoller Ohnmacht und Hingabe. Für die meisten ist die Vorstellung, wie eine Frau als Sexualobjekt angesehen zu werden, passiv den Blicken oder gar Berührungen ausgeliefert zu sein, eine Horrorvision. Interessant für die Entstehung unseres modernen Männerbildes ist in dieser Hinsicht die griechische Antike. Dort war die passive Lust des Mannes – allerdings in der Beziehung zu einem anderen Mann – durchaus kultiviert. Sie geriet erst in Mißkredit, als man zu zweifeln begann, ob ein Mann, der eher eine passive sexuelle Rolle bevorzugt, überhaupt in der Lage ist, ein hohes Staatsamt oder eine verantwortungsvolle, einflußreiche Position zu bekleiden. Die sexuelle Passivität wurde in der späten Antike zunehmend als eine soziale gedeutet. Die aktive männliche Rolle im Akt wurde – ausdrücklicher als zuvor – als Zeichen von Herrschaft interpretiert. Nur wer im Akt überlegen ist, ist es auch im sonstigen Leben. Die passive Lust des Mannes geriet alsbald zum Tabu.

Der traditionelle Mann flieht vor seinem Körper und der damit verbundenen Spannung. Auf diesem Weg vermag er sich soziale Macht zu sichern. So kompensiert er das Gefühl einer sexuellen Abhängigkeit von der Frau. Je mehr der Mann jedoch seinem eigenen Körper entsagt, desto tiefer gerät er in einen Teufelskreis, weil er so noch stärker auf den weiblichen Körper angewiesen ist.

Die standardisierte Sexualität verachtet die Spannung vor allem, indem sie als klares Ziel den männlichen Orgasmus anstrebt. Er ist meßbar und kann nicht vorgespielt werden. Man hat ihn oder man hat ihn nicht. Hat man ihn nicht, ist man das Urbild des männlichen Versagers, der Schlappschwanz.

Was vor dem männlichen Orgasmus geschieht, ist für die Art unwichtig. Deshalb spricht Freud auch orgasmusfixiert von «Vorlust». Der Penetrations-Ideologie ist nichts mehr zuwider als die Eigenlust des sogenannten Vorspiels. Deshalb erklärt sie die Spannung zur Qual. Nur der männliche Orgasmus kann Höhepunkt sein, sein Image besteht darin, von einer quälenden Spannung zu erlösen. Der weibliche Orgasmus – für die Art unnötig – verflüchtigt sich zum humanen Beiwerk. Er kann vorgespielt werden, um dem verunsicherten Mann das reine Gewissen zu erhalten, kein egoistisches «Schwein» zu sein.

Wenn wir Tiere beobachten, stellen wir fest, daß ihr sexuelles Verhalten zielgerichtet ist. Aus ihrem Begehren spricht ihre Art. Verschiedene Techniken sind ihnen fremd: Rollenspiele, Perversionen: das sind genuin moderne menschliche Verhaltensweisen. Unser Gefühl der sexuellen Lust wird erst aus der Fähigkeit zur Variation geboren. Erst als der Mensch geschichtlich begann, die Lust an Variation und Abweichung zu spüren, gefährdete er den ökonomisch notwendigen Akt. Zunächst spürte er diese Gefahr nur, ohne darüber zu reflektieren: Er hätte seine Ahnung nicht benennen können. Aus dieser unausgesprochenen Angst vor dem Nachlassen der arterhaltenden Kraft entwickelte sich eine enorme rituelle Energie. Der sexuelle Akt wurde mystifiziert, in fast allen Kulturen wurden sowohl die Mutterrolle der Frau als auch die phallische Kraft des Mannes vergöttlicht. In der unbenennbaren Angst vor der Auslöschung ihrer Art reduzierten sich die Menschen weitgehend auf ihre Fortpflanzungsfunktionen.

Heute – so scheint es – sehen wir die Frau nicht mehr nur als Mutter und wir mystifizieren auch nicht mehr den Phallus. Unser Weltbild ist rational. Wir sprechen von «gesund», «biologisch» und «natürlich», von «Lust» und «Trieb». Und doch haben wir den archaischen Phalluskult noch nicht überwunden, da jede Fixierung auf den Akt die Notwendigkeit des männlichen Orgasmus einschließt. Wir wissen, wie wichtig es im gewöhnlichen sexuellen Umgang zwischen Mann und Frau ist, daß der Mann den Orgasmus hat. Ein samenloser Akt ist vergebliche Liebesmüh. Und weil rein technisch die Gefahr des Scheiterns immer besteht, versuchen die Frauen die Männer mit aller Erfahrung und Raffinesse zu einer leichten Entladung zu bewegen, und die Männer tun das Ihre, nicht zu versagen. Am Ende haben entweder beide gewonnen oder beide verloren. Wenn beide verlieren, fühlen sie sich als Versager und wollen die Peinlichkeit möglichst schnell vergessen.

Technische Hilfsmittel – Massagegeräte, Penisprothesen, künstliche Schwellkörper, eingepflanzte Erektionspumpen – kommen zum Einsatz, Accessoires, bei denen es nicht um Lust geht. Denn daß jemand, der sich ein Serum in die Penisvene spritzt, Lust empfindet, das glaube, wer will. Mit Spannung oder Intensität hat das gewiß nichts zu tun. Es geht um die phallische Energie und um Fruchtbarkeit, auch wenn der Mann vorgibt, sich nicht fortpflanzen zu wollen.

Ärzte, die einschlägige Erfahrungen als Impotenz-Experten gesammelt haben, werden überzeugt sein, durch ihre modernen Eingriffe viele Ehen gerettet zu haben. Viele ihrer Patienten haben die Norm so sehr verinnerlicht, daß sie die Nicht-Erfüllung als absolut unerträglich empfinden. Das Ziel ist die Anpassung, aber nicht die Lust.

Vor allem der Mann hat sich dem Gebot «Du sollst das eine» mit der Erleichterung des Bequemen unterworfen. Da die Frau für ihn ohnehin ein Rätsel war, spielte ihr sexuelles Bedürfnis in der phallischen Kultur keine Rolle; sie war in allererster Linie Mutter. Der dem Phalluskult folgende Mann wurde für seine Durchschaubarkeit mit dem Attribut des Männlichen belohnt. Widersetzte er sich der Norm, galt er als unnatürlich und wurde als Versager, Neurotiker und Perverser diskriminiert. Diese phallische Diktatur wirkt bis heute: Wer seine Lust nicht ins Gefüge einzwingt, muß mit sexueller und sozialer Isolation rechnen, ähnlich wie jene Frauen, die auf ihre «eigene», unphallische Lust verweisen.

Männer hatten geschichtlich mehr sexuelle Freiheiten als Frauen. Sie durften sich zum Beispiel einen Seitensprung als Kavaliersdelikt erlauben, was nicht nur ein Ausdruck von Frauenfeindlichkeit, sondern die logische Konsequenz einer auf den Akt reduzierten Sexualität war. Der Mann ist es, der im Akt etwas «leisten» muß. Sein Funktionieren ist Voraussetzung dafür, daß die Frau später ihre Aufgabe bekommt. So wie Schwangerschaft und Geburt Sache der Frau sind, gilt der Vollzug des Aktes als Domäne des Mannes. Wer sich also über jene Männer empört, die den Drang haben, «jetzt», «in diesem Moment» unbedingt penetrieren zu müssen, die also morgens um fünf Uhr mit ihrer Halbschlaf-Erektion die Frau umschwänzeln, der sollte sich bewußt machen, daß solche Unbehehrrschtheiten vom Modell des Universal-Aktes gar nicht zu trennen sind: daß es um männlichen Orgasmus geht und um sonst nichts – das ist eine Spielregel des archaisch-modernen Kultes.

Oft machen Männer die Erfahrung, daß sie, sobald der Akt bevorsteht, keine oder doch nur eine sehr mäßige Lust empfinden. Viele zwingen sich zum Höhepunkt. Keine Frage, daß sie auch einmal «wollen», wenn sie wirklich problemlos «können», wenn sie wirklich die von ihnen geforderte phallisch-männliche Kraft spüren. Das Grundproblem des unzeitgemäß drängenden Mannes ist jedoch nicht der Unterschied zwischen männlicher und weiblicher Sexualität, das Problem liegt im Glauben an einen in der Tat längst sinnentleerten Orgasmusmythos.

Wenn ein Kind in den fünfziger Jahren seine Eltern fragte, woher denn die kleinen Kinder kommen, dann erhielt es oft die Antwort: «Wenn sich ein Mann und eine Frau ganz liebhaben, dann wird die Frau ein Kind auf die Welt bringen.» Heute sind die Menschen illusionsloser. Wahrscheinlich werden nur noch wenige Eltern versuchen, ihrem Kind ernsthaft einen Zusammenhang zwischen Liebe und Fortpflanzung zu vermitteln. Moderne Eltern würden die Frage des Kindes möglicherweise durch die Beschreibung einer technischen Handlung beantworten, allenfalls mit dem Hinweis, daß die Sache den Beteiligten «viel Lust macht». Die nüchterne Antwort vermittelt das Gefühl, daß hinter dem Unfaßbaren menschlicher Fortpflanzung ein technischer Akt steht. Dieser Akt wird allgemein mit Sexualität gleichgesetzt, und so entsteht der Sex: die Verkürzung des Sexuellen auf drei Buchstaben.

Während der normale Akt unausgesprochen technisch ist, muß ein Mensch mit abweichenden sexuellen Bedürfnissen, will er die Bereitschaft eines anderen erkunden, sein Begehren bewußt als technischen Ablauf darstellen. Metaphorische, atmosphärische Beschreibungen werden ihm wenig nützen, weil sie bereits von der Norm vereinnahmt sind. In einer Kontaktanzeige lesen wir, daß jemand gerne den Hintern versohlt bekommen möchte, und der Inserent weiß auch schon genau womit. Nicht mit einer Peitsche, auch nicht mit der Hand, sondern mit einem Holzstock, er möchte «englisch» erzogen werden. Geht es nur um eine Handlung? Will der Inserent, daß irgend jemand in seine Wohnung kommt, einfach drauflosdrischt, um dann wieder zu gehen? Reicht ihm die bloße Aktion? Ist es ihm gleichgültig, welche «Atmosphäre» die Handlung begleitet?

Der Sinn nach dem rein technischen ist vor allem bei Männern verbreitet, sie wünschen sich häufiger als Frauen die Klärung des Sexuellen von einem tradierten Anspruch wie Liebe. In der Reduktion auf die Technik kommt letztlich wohl die Intention zum Ausdruck, auf alles nebensächlich Erscheinende zu verzichten. Der beschriebene Inserent wird vielleicht die Erfahrung gemacht haben, daß ein weniger direkter Weg den Zugriff zum Erstrebten erschwert oder gar ausschließt. Die technische Genauigkeit, mit der er sein Bedürfnis angeben kann, entspricht dem Bestreben, jede Verunsicherung von sich abzuwenden. Er braucht ein Stück Sicherheit, um sich hingeben zu können.

Was im beschriebenen Beispiel plausibel ist, geschieht – unausgesprochen – auch im Bereich der als normal geltenden Sexualität. Auch hier steht ein bestimmter Akt im Mittelpunkt, und die Beteiligten glauben, felsenfest zu wissen, was sie wollen. Wenn auch noch Atmosphäre entsteht, dann wird das Erlebnis als besonders angenehm empfunden. Das trifft auch auf den Inserenten zu – wenn er Glück hat, lernt er einen Menschen kennen, der auch den passenden Gestus, die richtigen Worte, die erwünschte Überlegenheit mitbringt. Auch auf diese Erwartung kann der Inserent bereits im Anzeigentext hinweisen, indem er etwa formuliert: «Welcher Lehrer bestraft mich für meinen Ungehorsam?» So mag es gelingen, das Gesuchte leichter zu finden als in der Beschreibung des bloß Technischen, doch kann das lehrerhafte Erscheinen des gesuchten Partners selbst schon technische Züge annehmen. Denn alles Ausgesprochene vermittelt zugleich eine Erwartung. Wird intensive Spannung angestrebt, dann gilt es, Raum für Atmosphäre zu lassen und nicht alles im technischen Gerede zu ersticken. Entscheidend ist das Unausgesprochene.

Technik ist nur nötig, wenn es um ein Ziel geht. Braucht sexuelle Lust überhaupt ein Ziel? Obwohl die Intensität eines Orgasmus der zuvor gelebten Spannung entspricht, gilt der Orgasmus mehr als die vorangegangene Spannung als befriedigend, die Spannung als Mittel zum Zweck. Diese Konzentration auf das Ziel läßt der Spannung keinen Freiraum. Umgekehrt kann das Ziel nur seine universale Bedeutung erlangen, wo die Spannung nicht reicht. Wer sich auf ein vorgegebenes Ziel fixiert, dämpft so jede spannungsvolle Atmosphäre. Ein intensives Spiel reguliert sich selbst. Es erreicht Höhepunkte, es kann – aber muß nicht – zum unausweichlichen Orgasmus führen. Dieser Orgasmus ist nicht geplant oder gewollt, er folgt keiner Regel. Die Orgasmusfixierung lenkt ab von der spannungsorientierten, ziellos-exzessiven Lust. Die sogenannte sexuelle Befreiung der sechziger Jahre und ihre Folgen sind im Grunde eine rationale Säuberung der Lust von ihren ziellosen Unwägbarkeiten.

Mit dem Orgasmuszwang sind die Mißachtung der Spannung und die Verherrlichung der Entladung verknüpft. Eine Spannung loszuwerden kann sehr lustvoll sein. Problematisch wird es nur, wenn die Entladung zur Pflicht wird, was jedoch zur allgemeinen sexuellen Konvention gehört. In der Regel wird dieses Ziel schon angestrebt, bevor sich Spannung überhaupt entfaltet. Wenn es schon beim Entstehen der Spannung um ihren Abbau geht, wird die Ejakulation (egal, zu welchem Zeitpunkt) zum Wert an sich. Der im Rahmen der Norm empfindende Mann will der Spannung schon im Vorfeld ausweichen, er will es «weghaben».

Der Orgasmus der Frau spielt – aus dieser Perspektive betrachtet – im Akt nur eine kosmetische Rolle. Auch sie möchte, daß der Mann seine Spannung loswird. Insofern findet tatsächlich eine Verschmelzung statt: Sein Ziel ist auch ihres. Und wenn sie – vielleicht durch Zärtlichkeit, die sie im Vorfeld von einem einfühlsamen oder kompromißbereiten Mann erhält – eine angenehme Erregung dabei verspürt, kriegt auch sie noch ein kleines Stück vom Kuchen ab. Das Bemühen der Frau, auch ihren eigenen Orgasmus im Akt auszuleben, erweist sich in aller Regel als Unmöglichkeit. Viele Frauen suchen den Grund für ihren ausbleibenden Orgasmus entweder im zu kurzatmig ejakulierenden Mann oder aber in der eigenen Gehemmtheit. Oft gestehen sie sich ihr Problem gar nicht ein, sondern spielen Orgasmen vor, so daß sie selbst das Gefühl dafür verlieren, ob sie bei diesem Spiel überhaupt noch eine eigene Erregung spüren.

Seit den sechziger Jahren kursiert das Ideal vom gleichzeitigen Orgasmus, die Mystik der totalen Einswerdung. Im Ideal vom gleichzeitigen Orgasmus spielt keiner mehr dem anderen etwas vor, wo beide im selben Moment von der Spannung erlöst werden, ist keiner Objekt des anderen. Keiner kann vom anderen beobachtet werden. Die Synchronität soll beweisen, daß Mann und Frau gleichberechtigt sind und der Akt nicht bloß eine männlich-phallische Angelegenheit ist. Tatsächlich aber werden Frauen durch die Suggestion, ihnen gehe es im Akt um dasselbe wie den Männern, noch stärker an das männliche Ziel gebunden.

Die weibliche Erregung war nie zielgerichtet. Die Frau brauchte im Akt keinen Orgasmus zu haben, ihre Erregung war undefiniert. In diesem Nicht-Benennen blieb den Frauen eine archaische, ziellose Lust, die sich der Mann durch eine zunehmend bewußtere Fixierung auf den Akt immer mehr zerstörte. Erst die Moderne fragt nach der Erregung der Frau und versucht – in humaner und normerfüllender Absicht –, der Frau eine dem Mann entsprechende Lust zu unterstellen. Das verbreitete Bild von der weiblichen Lust ist der amputierten Lust des Mannes nachgebildet. Das 20. Jahrhundert spitzt diese Anpassung der Frau an den Mann zu, auch die Frau soll beim Akt einen Orgasmus haben. Allmählich dringt jedoch ins allgemeine Bewußtsein, daß viele Frauen im gewöhnlichen Akt gar keinen Höhepunkt erleben. An diesem wunden Punkt hilft nur noch eine Vulgärpsychologie, um die Orgasmusunfähigkeit der Frau zu erklären: Der Frau wird eingeredet, sie sei das Opfer christlich-abendländischer Sexualfeindlichkeit und Frauenunterdrückung. Hier verschmilzt ein traditionell männliches Interesse mit der Entlarvung unserer Kultur als frauenfeindlich.

Die Frau ist nicht mehr und nicht weniger als der Mann ein Opfer der geschichtlichen Sexualverdrängung. Durch ihre passive Rolle entging sie immerhin dem Zwang, sich selbst definieren zu müssen. Die Geschichte weiblicher Lust ist die Geschichte männlicher Versuche, die Frau zu durchschauen. Je mehr über «Die Frau» gesprochen wurde und je mehr auch Frauen begannen, von ihrer Sexualität zu sprechen, desto klarer folgten sie den zielorientierten männlichen Bildern, auch wenn sie glaubten, sich dagegen zu wehren. Schon dem Begriff weiblicher Orgasmus ist der Versuch eingeschrieben, etwas genuin Zielloses durchschaubar zu machen.

Der weibliche Orgasmus ist kein objektiver Orgasmus. Er unterscheidet sich vom männlichen darin, daß er nicht nur bloße Spannungsentladung ist. Insofern wird sich auch keine Frau mit einem technischen Akt zufriedengeben. Selbstverständlich geht es ihr um Atmosphäre, um das davor und danach.

Tatsächlich bedeutet Lust: Verharren, Dazwischen-Bleiben. Jeder Zwang zum Orgasmus ist erbärmlich und lustfeindlich. Der Orgasmus sollte eine Möglichkeit, nicht aber eine Notwendigkeit sein, er sollte geschehen oder auch nicht geschehen: als zufällige Folge eines ziellosen Spiels.

Täuschung, Geheimnis
und Spiel

Wenn eine Frau sexuelle Bedürfnisse hat und intensive Phantasien, die von der Norm abweichen, muß sie, um ihre Bedürfnisse befriedigen zu können, mit ihrem Partner darüber reden. Also wird sie sich genau überlegen, wie sie ihm von ihren Phantasien erzählt. Vermutlich wird sie nicht sogleich am ersten Abend auf das Thema zu sprechen kommen, da sie mit dem völligen Unverständnis des Mannes rechnen muß; sie wird eine Zeitlang ihre Begierden verheimlichen. Und wenn sie dann nach einiger Zeit über das Thema redet, wird sie sich um eine Sprache bemühen, die unmißverständlich, aber nicht zu eindeutig ist. Sie wird versuchen, ihre Bedürfnisse so subtil vorzutragen, daß das eventuelle Unverständnis des Mannes nicht sogleich in eine endgültige Abweisung mündet.

Die Frau muß von Anfang an mit einem Geheimnis umgehen. Sie empfindet ihre gesamte Sexualität als ein Geheimnis, das sie vor ihrer Umwelt verbirgt. Die anderen Menschen halten sie für «normal», wie allgemein alle Menschen für «normal» gehalten werden. Insofern täuschen sich die anderen in ihr, und sie täuscht die anderen, indem sie sich unerkennbar macht. Sobald sie – im Vorfeld einer sexuellen Handlung – über ihr Geheimnis spricht, wird sie auch in diesem Sprechen weiterhin Geheimnisse wahren, nämlich nur so viel offenbaren, wie zum Ausleben der Phantasie notwendig ist. Sie unterscheidet sich von jenen Menschen, deren Bedürfnisse weitgehend der Norm entsprechen, da sie ihre Bedürfnisse nicht in wortloser Übereinkunft leben kann.

Wer nicht am allseits Erwarteten zweifelt, wird kaum auf die Idee kommen, über die eigenen sexuellen Bedürfnisse mit anderen zu reden. Wer sich der Gewohnheit verpflichtet fühlt, wüßte vermutlich gar nicht, was mit eigenen Bedürfnissen gemeint ist. Seine Unbewußtheit schützt ihn vor dem Eingriff des Wortes. Einer allgemeingültigen Konvention gemäß wird von zwei Menschen in einer sexuellen Beziehung erwartet, daß sie das, was sie tun wollen, nicht auch noch besprechen. Wer jedoch zum Wort greift, zerstört damit schon die erste Konvention im sexuellen Umgang.

Aussprechen zerstört Mythos. Der Mythos der Unbenennbarkeit dient in der Regel dazu, die Leerstelle der fehlenden Phantasie zu füllen. Der Zwang zum Schweigen ist für den Verängstigten und Verunsicherten, vor allem für den weniger Sensiblen, eine durchaus sinnvolle Spielregel: Schweigen kann nicht so viel Atmosphäre zerstören wie Reden. Wer nicht redet, läßt immerhin die Mehrdeutigkeit unangetastet. Wer jedoch aus Unsicherheit vor dem Vieldeutigen die eigenen sexuellen Handlungen erklärt oder kommentiert, zerstört die Aura der Unerkennbarkeit. Nirgends ist die Erklärung so unerwünscht wie in bezug auf eine sexuelle Handlung. Wer etwas Sexuelles im Schilde führt und die schützende Unbewußtheit abgelegt hat, muß ein Geheimnis wahren. Wer Wahrheitsfetischist ist, wer moralisch und aufrichtig sein möchte, gerät ins Stolpern.

Zwei Menschen lernen sich kennen und reden zunächst über alle möglichen Themen. Sie pflegen die viel beschworenen gemeinsamen Interessen, verabreden sich, gehen ins Theater, diskutieren über ein Buch. Und dann ergibt sich doch ein sexuelles Zusammensein. Dieser Ablauf ist ziemlich typisch. Das sexuelle Interesse wird zunächst voreinander verborgen, geradezu getarnt. In der Regel werden Menschen, wenn sie sich kennenlernen, nicht sogleich ihr sexuelles Interesse direkt kundtun. Das mag daran liegen, daß die beiden erst einmal erkunden möchten, inwieweit der andere überhaupt zu einer sexuellen Handlung bereit ist. Doch warum möchte man diese Bereitschaft erkunden? Man könnte den Zweifel doch ganz einfach ausräumen, indem man den anderen direkt fragt, ob er auch Lust hat. Doch gerade dies geschieht meistens nicht. Wo auch immer sexuelle Lust intendiert ist, da schwingt ein Geheimnis mit.

Wir beobachten dasselbe Phänomen bei sexuellen Phantasien: Ein Mann, dessen Phantasie sich darin erschöpft, eine Frau aus seinem Bekanntenkreis nackt – vielleicht in einer bestimmten Pose – zu sehen, weiß noch recht wenig über seine Bedürfnisse. Würde er seine Lust differenzierter betrachten, dann würde er vielleicht feststellen, daß sich sein Schaubedürfnis in bestimmte Geschichten kleidet. Ihm würde nicht mehr reichen, daß sich die Frau bar jeder realen Situation zeigt. Er wird Geschichten erdenken, die einen Hintergrund für seine Bilder abgeben, Phantasien, in denen die erwünschte Nacktheit der Frau zwar im Mittelpunkt steht, doch nicht Selbstzweck ist. Er phantasiert eine scheinbar asexuelle Rahmenhandlung, die gerade wegen dieses Anscheins eine besonders intensive sexuelle Qualität hat.

In den sechziger Jahren glaubte man, es sei eine Folge der sexuellen Repression, daß die Menschen nicht direkt zur Sache kommen könnten. Die weitergehende sexuelle Freiheit sollte es erleichtern, einfach und offen Wünsche zur Sprache zu bringen. Gerade so, als ob man jemanden danach fragt, ob er Lust hat, in ein bestimmtes Konzert oder in eine Ausstellung mitzukommen. Eine Abweisung sollte hier wie dort zu keinerlei Verletzung oder Mißstimmung führen. Auszuweichen, einen Vorwand zu finden galt als lästiger und verlogener Anachronismus. Der vermeintliche Bruch mit der traditionellen Sexualmoral bedeutet tatsächlich die Etablierung einer umfassenden Moral, es geht um die Auslöschung von Täuschung und Geheimnis.

Wäre Sexualität rein technisch handhabbar, dann wäre die Forderung nach Direktheit und Offenheit berechtigt. Doch wird in der Idealisierung des Direkten und Spontanen vergessen, daß Täuschung notwendig ist, um Atmosphäre und Lust zu steigern. Einem Sexfilm zum Beispiel, der ja unmißverständlich sagt, worum es geht, fehlt jegliches Geheimnis. Durch seine Direktheit wird er nicht selten reizlos und langweilig. Zu offensichtlich ist, daß die Personen im Sexfilm nur deshalb sexuelle Handlungen vollziehen, weil sie in einem Sexfilm sind. Zuwenig verbirgt sich das Sexuelle, wenn schon von Anfang an klar ist, daß die Rahmenhandlung nur ein sinnentleertes Beiwerk ist. Sieht man in einem gewöhnlichen Fernsehkrimi plötzlich einen nackten Menschen beim Zähneputzen vor dem Spiegel, so kann im Alltäglichen, im scheinbar Nichterotischen eine viel intensivere erotische Spannung liegen.

Diese Bedeutung von Täuschung und Geheimnis ist jedoch vielen

Menschen kaum bewußt. Sie schweigen nicht deshalb über ihre Bedürfnisse, weil sie damit spielen, sondern weil sie gar nichts darüber sagen könnten. Selbst wenn sie abweichende und differenzierte Bedürfnisse an sich wahrnehmen, werden sie zunächst feststellen, daß sie gar keine Sprache dafür haben, und wenn sie allmählich Worte für ihre Lust finden, fehlt vielen das Selbstbewußtsein, ihr Wissen über sich anderen mitzuteilen.

Es gibt eine Kraft im Menschen, die ein Wissen über eigene sexuelle Bedürfnisse und vor allem die Mitteilung dieses Wissens an andere nicht zulassen will. Diese Kraft ist die Kraft der Gewöhnung. Das Gewohnte läßt sich unkompliziert handhaben, während man schon ahnt, daß jede Abweichung einen viel bewußteren Zugang erfordert und insofern anstrengender ist. Oft wird das Gewohnte auch dann favorisiert, wenn es als unlustvoll empfunden wird. Immer noch besser, man paßt sich an, man bewegt sich lustlos in dem Rahmen, der allgemein als Lust gilt.

Wer auf Grund von Konventionen und Angst gar nichts anderes als das Verschweigen kennt, wird im Geheimnis auch keine luststeigernde Kraft entdecken können. Im Sinne der gewohnten Sexualität ist es am besten, man weiß gar nichts über die eigenen Begierden und spürt sie allenfalls als ein unartikulierbares, amoralisches Gefühl. Wer sich schon im Vorfeld einer sexuellen Handlung über sein eigenes Bedürfnis täuscht und sich der Norm anpaßt, kommt gar nicht in die Situation, andere täuschen zu müssen. Viele Menschen spielen etwas vor, ohne zu wissen, daß sie spielen. Sie haben bestimmte Verhaltensmuster eingeübt – zum Beispiel: Ein Mann ist überlegen, eine Frau ist naiv – und vordergründig glauben sie, daß sie auch so sind. Vielleicht ahnen sie Täuschung und Selbsttäuschung und können es sich doch nicht eingestehen. Sie haben Angst, etwas kaputtzumachen und nach der Zerstörung der unausgesprochenen Konvention nichts anderes an die Stelle setzen zu können. Sie haben Angst vor dem allzustarken Bewußtwerden jener Bedürfnisse und Phantasien, die nicht mehr in der wortlosen Übereinkunft lebbar sind.

Geheimnis spüren wir im Alltag, wenn wir mit anderen Menschen nicht mit jener Offenheit über unsere sexuellen Bedürfnisse reden wie über andere Dinge. Der Bereich des Sexuellen ist in besonderer Weise nicht öffentlich. Was wissen wir überhaupt über das Sexualleben anderer Menschen? Selbst wenn die anderen etwas über ihre Erfahrungen mitteilen, dürfen wir immer noch skeptisch sein, ob sie wirklich «von sich» sprechen oder ob sie perfekt gelernt haben, ihre Eigenarten auszuklammern und sich ein geglättetes Selbstbildnis geschaffen haben.

In dem englischen Spielfilm «Der Herr der Fliegen», entstanden in den fünfziger Jahren, gibt es eine Szene, in der pubertierende Jungen einen aus ihrer Gruppe bestrafen. Das Opfer muß sich nackt ausziehen und hinknien und bekommt Stockschläge auf den Hintern. Daß solch eine Szene in einem prüden englischen Fünfziger-Jahre-Film möglich ist, zeigt, daß sowohl die Filmemacher als auch die Öffentlichkeit die dargestellte Situation für asexuell hielten, zumal es sich in der Szene ausschließlich um männliche Personen und zudem noch um Minderjährige handelt. Zwar wird die Szene auch in den fünfziger Jahren den Zuschauer sexuell erregt haben, aber diese Erregung wurde verdrängt und blieb unbenannt. Ein Zuschauer wird erst dann den Mut haben, das Sexuelle dieser Szene zu benennen, wenn er sich – zumindest ein Stück weit – dazu bekennt, «abweichende» Begierden zu haben. Wer zur Entstehungszeit des Films auf das Hochsexuelle der dargestellten Szene aufmerksam gemacht hätte, wäre vom Vorwurf nicht verschont geblieben, selbst pervers zu sein. Sexuelle Spannung geschieht in einem undefinierbaren Feld zwischen Wissen und Nicht-Wissen. Es gibt keine Sexualität ohne Geheimnis. Wo wir Lust und Begehren spüren, da herrscht das Verschweigen: als Überlebensdrang des Instinktes.

Solange sich das Kind unbefangen nackt bewegt, weiß es noch nichts vom Sexuellen. Erst im Zusammenspiel mit Verstellung und Scham wird ein Mensch ein Gespür für das Sexuelle entwickeln. Wer die Täuschung und das Geheimnis aufheben möchte, würde auch das Sexuelle in der Rationalisierung auf einen technischen Akt abschaffen.

Überall, wo wir Sexuelles erfahren, wird auch etwas verschwiegen. Sobald wir Lebendiges an uns spüren, nehmen wir den Impuls wahr, uns nicht preiszugeben. Jede Lust ist auf Ablenkung von sich selbst angewiesen. Wo sie allzu benannt und öffentlich ist, geht Spannung verloren. Das Geheimnis dient letztlich dazu, diese Spannung zu erhalten. Unbefangenheit ist nur im Nicht-Wissen möglich. Wer weiß, daß er beobachtet wird, handelt anders als Nicht-Wissende. Immer wird er sich im Vergleich zu jenem verstellen, verbergen oder stilisieren.

Die Furcht vor dem Aussprechen eines Bedürfnisses verweist auf eine Angst vor dem Verlust des Authentischen. Wenn ich einem Menschen sage, daß ich diese oder jene Praktik oder Atmosphäre bevorzuge, dann muß ich darauf gefaßt sein, daß sich der andere nur deshalb auf meine Vorgabe einläßt, weil er mir einen Gefallen tun will. Je mehr jemand über mich weiß, desto berechtigter ist meine Skepsis, ob er überhaupt noch seinem eigenen Bedürfnis gemäß handelt: Ist der andere auch so, wie er tut, oder spielt er nur?

Triebhafte Gemüter werden durch die Frage erregt, ob eine Frau den Orgasmus wirklich hat oder ob sie ihn nur vorspielt. Aus dieser Frage sprechen Wahrheitsfetischismus und Verunsicherung des Mannes, denn dessen eigener Orgasmus hat etwas Durchschaubares und Objektivierbares. Wenn der Mann – im Gegensatz zur Frau – im Akt seine wahre Erregung offenbaren muß, so bleibt dennoch im dunkeln, wodurch er eigentlich erregt wird. Ist es die Frau oder ist es die Phantasie oder eine tagelang verschleppte Geilheit, die nur auf ein Fünkchen wartete? Oder ist es die äußerste Konzentration, um nicht zu versagen? Auch im Orgasmus des Mannes ist mehr «gespielt», als man ahnt!

Was heißt überhaupt echt und gespielt? Als echtes Gefühl gilt das Spontane und Naive. Je mehr Wissen ich mir über Erregung aneigne, über die Mechanismen, die zur Erregung führen, desto weniger naiv, desto weniger echt erscheint meine Gefühlsreaktion. Wo ich schon weiß, welche Reaktion von mir erwartet wird, ist der Einbruch des Spiels in die naive Unmittelbarkeit gar nicht mehr zu verhindern. Immer intensiver erfahre ich Täuschung und Geheimnis:

Mir ist in jedem Moment klar, was ich sagen könnte und doch nicht sage. Ich sage mit Bewußtsein etwas nicht, was andere möglicherweise gar nicht in der Lage wären auszusprechen. Ich sehe das als Spiel, was andere unbedacht tun. Ich empfinde dort eine Inszenierung, wo andere meinen, völlig spontan zu sein. Es wird wichtiger für mich, das eigene Bedürfnis zu befriedigen, ich verliere meine Naivität, mit der ich die Zufälligkeit, Beliebigkeit oder Gewohnheit der unausgesprochenen Konvention noch als erregend empfinden konnte. Also werde ich bewußt spielen. Um mein eigentliches Bedürfnis als Geheimnis zu bewahren, täuschen meine Handlungen und Worte bewußt, sofern ich weiß, daß ich nur auf dem Umweg mein Ziel erreiche, nicht aber durch die vorschnelle Benennung.

In der Sexualität geht es oft um Vorwände. Gerade einen Satz wie «Ich habe jetzt Lust auf dich!» nicht auszusprechen, kann die Lust steigern. Wenn es des Vorwandes nicht mehr bedarf, wird die Sache zumeist langweilig: zum Beispiel im selbstverständlichen Umgang eines langjährigen Paares. So erregend die Spannung an der Ungewißheit sein kann, so quälend kann sie empfunden werden. So klagen Männer gar nicht selten über den Mangel an Direktheit: «Ich habe dieses lange Quatschen und Rumschmusen satt. Ich will doch bumsen und nicht immerzu vorher einen ganzen Abend lang reden oder ins Kino gehen.» Das legitime Interesse dieser Männer besteht darin, sich zu fragen, warum man vorher ins Kino geht, wenn man doch weiß, daß es im Grunde nur um den Sex danach geht. Ein Mann, der diese Ansicht hat, hält einen Vorwand generell für verlogen und unaufrichtig. Die Kinovorstellung oder das stundenlange Gerede ist für ihn nicht spannungssteigernd, sondern eher lustmindernd. Daraus schließt er, daß ein Vorwand grundsätzlich etwas Störendes ist. Die Frage muß anders gestellt werden. Welcher Vorwand ist geeignet, Spannung zu steigern? Phantasielosigkeit hindert viele Menschen daran, ungewohnte Vorwände hervorzubringen und damit vielleicht jene Handlungen zu legitimieren, die ihren individuellen Bedürfnissen entsprechen. Jede sexuelle Phantasie erdenkt Legitimationen. So ist zum Beispiel das kindliche Doktorspiel ein Vorwand, das Kind spielt nicht etwa das Sexspiel, sondern das Doktorspiel. Das heißt: Es findet einen Vorwand, um eine bestimmte sexuelle Lust zu leben, den Körper eines anderen Kindes nackt zu sehen, zu betasten, zu untersuchen.

Ohne Verstellung wird das Zusammensein zum abgekarteten Spiel, ohne Vorwand wäre die Lust schon im Programm enthalten, und ihr Ausbleiben wäre für die Beteiligten enttäuschend. Indem die Situation durch den Vorwand den Anschein des Nicht-Sexuellen wahren kann, gibt sie den Spielenden die Möglichkeit, nicht sogleich das Entscheidende zu fordern und sich damit den zur Spannung nötigen Anschein der Unverbindlichkeit und Erwartungslosigkeit zu erhalten. Dabei ist es Sache der Spielpartner, inwieweit sie sich ihre Spannung und Lust auch zeigen und inwieweit sie noch Einfluß darauf haben wollen, ihre Spannung und Lust überhaupt zu verbergen.

Der moderne Sinn nach wahren Gefühlen widerspricht der Intensität von Vorwand, Verführung und Spiel. Der auf eine klare Handlung festgelegte «Sex» wird oft von der Illusion begleitet, «wir wollen alle dasselbe». Diese Illusion dient dazu, ein bewußtes Spiel mit Täuschung und Geheimnis im Keim zu ersticken. Da Frauen ihre entsprechende genitale Bereitschaft nicht so offen zeigen wie Männer, besteht das Hauptziel der Sex-Industrie darin, den Mann davon zu überzeugen, daß alle Frauen – von ihm – penetriert werden wollen. Diese Illusion haben und brauchen viele Männer bekanntlich auch bei einer Prostituierten. Jede Prostituierte weiß, daß sie um so erfolgreicher und begehrter ist, je glaubhafter sie dem Mann das Gefühl vermittelt, es sei ihr Bedürfnis, von ihm penetriert zu werden. Viele Männer wissen, daß die Realität anders ist, aber sie problematisieren ihr Bedürfnis nicht, weil sie intuitiv spüren, daß sie diese Illusion brauchen, um noch einen Rest an Selbstbewußtsein gegenüber Frauen zu bewahren.

Ein Mann und eine Frau haben eine sexuelle Beziehung, und der Mann ist alles andere als zögerlich. Er gehört zu dem Typus, von dem man sagt, «er weiß, was er will», im Beruf und auch in der

Sexualität. Er kommt zur Sache, wenn er will, und er fühlt sich der Frau überlegen. Insgeheim denkt er: «Die Frauen immer mit ihren Problemen», denn er selbst redet nie über seine.

Die Frau schätzt den Mann wegen seiner Eindeutigkeit, wegen seiner praktisch-pragmatischen handwerklichen Klarheit. Sie weiß, daß sie ihm intellektuell überlegen ist. Aber gerade das ist das Problem in der Beziehung, denn sie muß sich davor hüten, ihm ihre intellektuellen Fähigkeiten allzu offen zu zeigen. Dann würde er nämlich sein Selbstbewußtsein verlieren. Und sie will keinesfalls, daß er zögert und zaudert, weil sie fürchtet, er würde dann nicht mehr so attraktiv sein. Sie hat schon öfters die Erfahrung gemacht, daß sie seine sexuelle Aktivität und Potenz stört, sobald sie ihm das Gefühl vermittelt, ihn zu durchschauen. Schon wenn sie sich in seiner Gegenwart allzu intellektuell äußert, ist seine sexuelle Lust nicht mehr so vehement, wie sie es liebt. Sobald sie zeigt, daß sie ihm nicht unterlegen ist, wird er sexuell gehemmt sein, weil er seine Lust nicht mehr als Macht deuten kann: Er spürt die Gefahr, in seiner Selbstüberschätzung entlarvt zu werden und lächerlich zu wirken.

Die Frau möchte dem Mann das Gefühl lassen, überlegen zu sein, und je mehr er diese Überlegenheit spürt, desto zufriedener und lustvoller verhält er sich. Sie muß ihn zu seiner Potenz aufbauen, weil diese Potenz vom Gefühl seiner Macht abhängig ist. So macht sie die Erfahrung, daß sie sich am besten ein bißchen naiv stellt: Sobald sie naiv, unwissend und unsicher auftritt, steigert sich sein Drang, und dann kann er den Akt mit aller Macht durchführen, so gut wie kaum ein anderer!

Nun könnte man sagen: Es ist doch wunderbar! Die Frau spielt die Naive und erlangt, indem sie den Mann zur Machtlust bringt, eine eigene intensive Lust. Und der Mann, der vielleicht hin und wieder ahnt, daß er sich täuschen läßt, bewahrt sich dank seine Unbewußtheit eine wichtige Kraft, von seiner Macht über die Frau überzeugt zu sein. Solange dieses skurrile Spiel funktioniert, haben die beiden Beteiligten doch Grund genug, zufrieden zu sein. Doch es funktioniert nicht ohne Probleme, denn die Frau empfindet ihre Naivität nicht nur als freiwillig gewählt. Vielleicht hat sie gar nichts dagegen, sich hin und wieder naiv zu geben, wenn es der Lust dient. Aber sobald diese Naivität zum Prinzip und zur Gewohnheit wird, muß sie der Frau allmählich unerträglich werden.

Vielleicht wird sie dem Mann den Vorschlag machen, das sexuelle Zusammensein als Spiel aufzufassen, um außerhalb dieses Bereiches ihre Intellektualität zu wahren. Sie will sexuell unterlegen sein, ohne es in anderen Lebensbereichen sein zu müssen. Aber der Mann wird diesen Vorschlag nicht akzeptieren, wahrscheinlich erst gar nicht verstehen. Für ihn ist das eben das «Problem» der Frau. Seine männliche, phallische Stärke besteht ja gerade in seiner naiven Fähigkeit, sich täuschen zu lassen.

Die Amputation sexueller Intensität geschieht nicht durch Rollen, sondern durch ihre Verselbständigung und Verinnerlichung. Wenn die Frau ihre Naivität und ihr Objekt-Sein in Übereinkunft mit einem Partner spielen könnte, wenn beide das Sexuelle völlig vom Sozialen trennen könnten, dann wäre sexuelle Intensität jenseits von Norm möglich. Dann könnten die beiden ihre Rollen auch umkehren oder die dem Mann-Frau-Schema entgegengesetzte Rolle bevorzugen. Lust würde weniger durch die Illusion, sondern mehr durch das Spiel geprägt.

Je weniger Illusionen wir uns machen, desto wichtiger wird für uns das Spiel, weil wir die Selbstverständlichkeit festgelegter Rollen nicht mehr ertragen. Ein in unserem Sinne nicht-moderner Mann, etwa aus einer nicht-europäischen Kultur, fühlt sich zum Beispiel einer Frau im Geschlechtsakt grundsätzlich überlegen, selbst wenn die Frau sehr intellektuell ist. Das Geistige ist für ihn im Zusammenhang mit Sexualität kein Wert. Dieser Mann würde sich von der intellektuellen Frau auch nicht durchschaut fühlen; ihre Psychologie wird bei ihm auf Granit beißen, weil er sexuell dank seines ungebrochenen Selbstbewußtseins stets schnell und unmißverständlich zur Sache kommt. Die Beliebtheit des «unaufgeklärten» und ungebrochenen Mannes bei intellektuellen Frauen besteht in der gesteigerten Distanz zwischen beiden. Die Frau braucht sich diesem Mann nicht anzupassen, weil er in ihr nicht die Intellektuelle und somit Mächtigere sieht, sondern ausschließlich die Verkörperung der weiblichen Rolle. Sie braucht sich nicht naiv zu stellen, um seine Erregung zu entfachen, weil er sich im Moment der Erregung immer schon männlich-mächtig fühlt. Der Ungebrochene spielt nicht. Er weiß noch nichts von Täuschung und Geheimnis.

Je stärker eine sexuelle Spannung zwischen zwei Menschen wird und sie je eindeutiger etwas «voneinander wollen», um so metaphorischer wird ihr sprachlicher Umgang miteinander. Alle Worte gewinnen Bedeutungen, die man ihnen zuvor gar nicht zutraute, jede Aussage steht plötzlich in Beziehung zur sexuellen Situation. So können alle möglichen Themen, über die man redet, dazu dienen, Bedürfnisse, Wünsche oder auch Ängste mitzuteilen. Über vieles kann gesprochen werden, ohne etwas zu zerstören: aber nur, wenn das Ausgesprochene auch von beiden metaphorisch verstanden wird. Reden über Sexualität zerstört nur dann die Spannung, wenn ihm eine Angst vor der Mehrdeutigkeit zugrundeliegt. Nur wer alles für erklärbar hält, wird zu der These kommen, daß Sprechen alles zerstören kann.

Eine weitere Angst vor dem Aussprechen liegt darin begründet, daß das Nicht-Gesagte – aber doch Getane – kaum oder gar nicht verpflichtet. Eine sexuelle Handlung kann aus Lust, aus Liebe, aus Nachgeben eines Drängens, aus einer spontanen Laune heraus geschehen oder einfach aus Experimentierfreude. Man kann etwas tun, ohne wirklich dazu zu stehen, und man kann im nachhinein immer noch seine Bereitschaft relativieren. Das Unausgesprochene beläßt Offenheit. Sobald jedoch das Wort eingreift, droht Festlegung. Doch diese drohende Eindeutigkeit geht nur vom unmetaphorisch verstandenen Wort aus. Die Kunst des Redens besteht darin, eindeutig und mehrdeutig zugleich zu sein, einerseits die Notwendigkeit zu vermitteln, zu etwas zu stehen, andererseits die Freiheit zu bewahren, zu etwas nicht stehen zu müssen.

Wenn wir spüren, daß sexuelle Atmosphäre durch eine Spannung zwischen Wollen und Nicht-Wollen, zwischen Lust und Angst, zwischen Macht und Ohnmacht ausgelöst und gesteigert wird, werden wir versuchen, diese Spannung durch Phantasiebilder bewußt zu intensivieren. Nur solange ein Bedürfnis unbedacht und nicht-individuell ist, kann es noch «spontan» oder mit dem Anspruch des Spontanen gelebt werden: in dem Glauben, es würde einen plötzlich überkommen. Sobald jedoch das sexuelle Bedürfnis von Phantasiebildern geprägt wird, tritt an die Stelle des Spontanen das Spiel. Wenn Bedürfnisse bewußt sind, muß gespielt werden, um sie zu befriedigen. Eine Frau, die zum Beispiel gerne vor einem Mann masturbiert und dabei das Gefühl vermittelt bekommen möchte, dazu gezwungen zu werden, kann nicht darauf warten, daß sich diese Situation im Rahmen der Konvention – sozusagen von selbst – ergibt. Je klarer einer Handlung die Vorstellung von ihr vorauseilt, desto weniger vermag die Handlung spontan zu sein: Wer weiß, was er tut, kann sich nicht mehr vormachen, in ein Gefühl hineinzustürzen. Zumindest weiß er, warum er mitgerissen wird und daß es seiner Bereitschaft dazu bedurfte, ähnlich, wie wir es ja auch kennen, mit einer bestimmten Einstellung auf einen anderen Menschen zuzugehen. Wir können zum Beispiel einen Menschen aus sexuellen Gründen so weit bejahen, daß uns bestimmte Äußerungen oder Ansichten von ihm, die uns bei anderen unzumutbar erscheinen, kaum irritieren. Ein Mensch, der dagegen den Spielcharakter der Situation nicht erkennt, wird entweder in einen moralischen Konflikt geraten oder sich – ohne so recht darüber zu wissen – dem anderen Stück für Stück anpassen.

Wenn jedoch jemand, dem seine Bedürfnisse bewußt sind, beginnt, von einer unmittelbaren Gefühlsreaktion abzurücken, stellt sich zugleich die Sehnsucht nach dem Unmittelbaren ein. Er möchte das Instinkthafte leben, und er erkennt, daß die gewöhnliche Sexualität – in ihrer Abhängigkeit von zwanghaften Handlungsmustern – dazu nicht reicht. Um zum Äußersten, zum Ungespieltesten gebracht zu werden, bedarf es des Spiels. Indem Sexualität zur Inszenierung wird, erzwingt sie Wort und Verständnis: jedoch nicht im Sinne, «über alles zu reden», sondern in der gemeinsamen Bereitschaft zur Täuschung.

Leben täuscht sich, sobald es um sich weiß. Die christlich-abendländische Moral ist ein universaler Versuch, ein Wissen um Bedürfnisse, um Gefühle, um «Leben» zu unterbinden. Indem sie das Spiel mit Gefühlen verdammt und das ehrliche, echte Gefühl fordert, läßt sie nur das Naive und Unmittelbare zu, in der Sexualität: das Unausgesprochene, das durch den Begriff der Natürlichkeit Legitimierte: den blinden Akt. Die Berufung auf «Natur» verweigert das Spiel aus Angst vor Täuschung und Geheimnis.

Wenn ich von einem anderen Menschen geliebt oder begehrt werden möchte, sage ich nicht einfach: «Liebe mich!» oder «Begehre mich!», weil ich weiß, daß Lieben-Wollen und Begehren-Wollen nicht in der bewußten Entscheidung eines Menschen liegen. Schon die Begriffe erscheinen sonderbar, solange wir Wollen als bewußtes Wollen verstehen. Eine solche Aufforderung würde allenfalls dazu führen, daß der andere so tut, als würde er lieben und begehren. Jede Aufforderung zu einem Gefühl muß zwangsläufig dazu führen, daß man letztlich so tut als ob. Am auffälligsten sichtbar ist das in der traditionellen Ehe und dem Anspruch auf Liebe. Schon wenn ein Mensch spürt, daß man von ihm ein bestimmtes Gefühl erwartet, und wenn er sich nach besten Kräften bemüht, dieses Gefühl zu haben, beraubt er sich der Möglichkeit, von diesem Gefühl überrascht und mitgerissen zu werden.

Wenn sich ein Mensch darüber beklagt, daß er «zuwenig lebt», dann würde der idiotischste Ratschlag, den man ihm geben könnte, lauten: «Dann ‹lebe› doch einfach! Du hast doch alle Freiheiten!» Gerade das Gefühl, im Grunde alle Freiheiten zu haben, macht die Forderung nach Leben inhaltsleer. Wahrscheinlich wäre es sinnvoller, dem an der Öde Leidenden einen paradox erscheinenden Ratschlag zu geben: «Ausleben verboten!»

Weil Selbstverbergung für die Lust wichtig ist, gewinnt das *gegen den Willen* eine luststeigernde Kraft. Sobald ein Begehren – zum Beispiel nach sexueller Erregung oder auch nach Orgasmus – zu eindeutig und intendiert ist, wird die Umsetzung von Banalität und Ernüchterung begleitet sein. Deshalb ist die Lust am Nicht-Wollen eine notwendige Reaktion auf ein modernes Bewußtsein über Sexualität, zumal die tradierten Formen von Lustverleugnung und Vorwand nicht mehr greifen. Sexuelles verbirgt sich, weil Leben sich verbirgt. Ein lebendiger Prozeß (zum Beipsiel ein Instinkt) wird durch Wissen durchschaubar und verliert seine Kraft, sobald er intendiert ist.

Der metaphysisch-moralische Wert der Liebe ist Ausdruck tiefer Angst vor Intensität, wenn er dazu dient, Ausschweifung an die Reinheit eines Gefühls zu binden. Die Forderung nach Liebe in einer sexuellen Beziehung unterbindet das Spiel in der Mystifikation von Echtheit und Dauer. Wer sich liebt, täuscht nicht, verheimlicht nicht, spielt nicht. Diese Maßregel wird in einer Zeit, in der die Menschen immer klarer über ihre Gefühle reden können, zur Forderung nach Offenheit. Doch je mehr jemand über sich selbst weiß, je offener er zu sich selbst ist, desto klarer wird ihm, daß er dieses Wissen nicht mitteilen darf, sobald es um Intensität geht. Wer zuviel redet, tötet mit Vertrauen und Offenheit jene Mehrdeutigkeit, die Grundlage intensiver Lust ist.

Oft spiegeln Beziehungsprobleme den Widerspruch zwischen sicherer Nähe und Vertrautheit auf der einen sowie Intensität und Spiel auf der anderen Seite wider. Wenn wir unsere Vorstellung von Liebe nicht mehr an Dauer und Gewöhnung messen, sondern an Intensität, deuten wir sie amoralisch: Wer tief liebt, muß auch tief täuschen. Wo sich Menschen schon allzu nahegekommen sind, läßt sich die zur sexuellen Spannung notwendige Distanz nur im Spiel aufrechterhalten. Wer spielen will muß zuvor reden, muß das Drehbuch besprechen. Wer spielen will ist Autor, Regisseur und Schauspieler zugleich. Doch selbst wenn noch so viel gesprochen wird, dient das Sprechen dazu, das Unsagbare, das Schweigen zu ermöglichen: gegen die sexuelle Norm. Aufgeklärtheit läßt Intensität nur zu in der Kunst des Verschweigens.

Zur Überwindung moralischer und metaphysischer Regeln gelangen wir nicht, indem wir sie bloß für nichtig erklären, sondern indem wir sie zum Spiel machen. Während im üblichen Umgang mit Sexualität alles als ernst gilt und letztlich offenbleibt, wo «nur» vorgespielt wird, herrscht im Spiel das umgekehrte Gesetz: Alles gilt als gespielt, was aber dennoch «echt» ist, wird verheimlicht. Deshalb ist die Relativität des Spiels für sicherheitsgewöhnte Menschen so schwer zu ertragen, weil man nie weiß, ob der Spielende so ist oder nur so tut. Wer das Spiel bejaht, erwartet nicht mehr, daß jemand auch so ist, wie er vorgibt. Überhaupt wird das So-Sein als metaphysisches Ideal, als intensitätshemmende Festlegung, als Angst vor dem Spiel entlarvt.

Das Spiel ist eine notwendige Tarnung. Es antwortet auf den Wahrheits- und Offenheitsfetischismus rationalistischer Aufklärung. Absolute Hingabe an die Lust ist nicht möglich, wenn man sich tatsächlich preisgeben muß. Voraussetzung höchster Lust ist Unerkennbarkeit. Wer sich auslebt, muß die Gewißheit haben, nur eine Rolle zu spielen; wer weiß, daß er sich zeigt, wird niemals sich selbst zeigen, sondern ein Abbild. Je bewußter einem Menschen die aufgeklärten Möglichkeiten der Durchschaubarkeit sind, desto stärker wird er sich dagegen sperren, selbst durchschaubar zu sein.

Wie jedes Spiel, ist auch das sexuelle Spiel an Regeln gebunden. Diese Regeln werden eindeutig oder weniger eindeutig festgelegt. Wer die Unsicherheit noch mehr steigern möchte, spielt mit der Regelüberschreitung, die wiederum einer tieferen Spielregel gehorcht. «Irren ist die Bedingung des Lebens», sagt Nietzsche und fügt hinzu: «Wir müssen das Irren lieben.»